DELIUS KLASING

Paul Pollack

Segelschein mit Eselsohren

Hauptsache heiter - Abenteuer eines Charterkippers

Delius Klasing Verlag

Von Paul Pollack sind darüber hinaus folgende Titel im
Delius Klasing Verlag erschienen:
Törnröschen – Urlaubsglück mit Meeresblick
Der erste Törn – Tips für Mitsegler (YB 110)

Die Deutsche Bibliothek – CIP-Einheitsaufnahme

Pollack, Paul:
Segelschein mit Eselsohren : Hauptsache heiter – Abenteuer eines Charterskippers / Paul Pollack. – 1. Aufl. – Bielefeld : Delius Klasing, 2000
(Segeln & Abenteuer)
ISBN 3-7688-1222-7

1. Auflage
ISBN 3-7688-1222-7

Zeichnungen: Gerold Teigschl
Umschlaggestaltung: Buchholz/Hinsch/Hensinger, Hamburg
unter Verwendung einer Zeichnung von Kurt Schmischke
Druck: Clausen & Bosse, Leck
Printed in Germany 2000

Delius Klasing Verlag, Siekerwall 21, D-33602 Bielefeld
Tel.: 0521/559-0, Fax: 0521/559-113
e-mail: info@delius-klasing.de
http://www.delius-klasing.de

Inhalt

Pyjama mit Werkzeugschlaufen

Ein Menschenopfer für Neptun? – Der Palatschinken-Deal – Edis dritter Wasserkreislauf – Die Traube im Klo – Wetterprognose ganz geheim – Nächtlicher Schreck unter Deck

Ich bin ein Charterskipper. Ich segle Leute, die ich kaum kenne, in Yachten spazieren, die nicht mir gehören. Da kommt einem schon was unter, an Booten und an Leuten. Ich denke da an den Badewannentaucher und an den fleischfressenden Vegetarier, an den marinierten Infanteriegeneral, an Old Meyer, den ersten Schiffsheurigenwirt, oder an unseren Hafensmutje, den besten Schiffskoch aller Zeiten, der nur einen Nachteil hatte: Er war eigentlich immer seekrank.

Die Liste ist keineswegs komplett. Sie wird durch skurrile Badegäste, verschrobene Hafenkapitäne, Wirte jeder Preis- und Gemütslage, Damen, Raucher, Schnorrer, Trinker und jede Menge Segler ergänzt, wobei die Segler keineswegs eine Einheit bilden, sondern zwangsläufig einzeln bewertet werden müssen, weil sie sich durch keine noch so ausgetüftelte Vermessungsnorm einer Klasse zuordnen lassen.

Bei den Booten ist es nicht anders. Als Charterskipper habe ich es mir ohnedies abgewöhnt, Ansprüche zu stellen. Ich nehme, was gerade kommt. Und segle prompt als Fliegender Holländer durch die Nacht, weil schon ein einziges Positionslicht die altersschwache Batterie endgültig zusammenbrechen läßt. Ich gewöhne mich an

Maschinen, die mehr Öl verbrauchen als die Crew Bier – und das will etwas heißen. Ich füge mich drein, wenn das Faß, das als Charterschiff firmiert, soviel Wasser macht, daß sich meine automatische Schwimmweste schon unter Deck aufbläst. Und selbst komfortable, bequeme, fast schon mit Traumschiffluxus ausgestattete Yachten bedeuten für mich letzten Endes nur, daß es dort nicht eine, sondern gleich vier Toiletten zu reparieren gibt.

Oft habe ich mich gefragt, warum ich mir das Sommer für Sommer immer wieder antue, das mit dem Häuslreparieren, das mit dem Schiffsdiesel, der mich mehr beschäftigt hat als die Obenohne-Dame auf dem Achterdeck, das mit den verstopften Duschen, begriffsstutzigen Navigatoren, mit den zum zwanzigsten Mal falsch geknüpften Palsteks, den durchgewetzten Segeln und was einem sonst noch alles im Lauf eines einzigen Segeltags unterkommt.

Die Antwort ist immer die gleiche: Ich segle gern. Für dieses Vergnügen nehme ich einiges in Kauf.

„Mir grauet vor der Götter Neide, des Lebens ungetrübte Freude ward keinem Irdischen zuteil." An diesen kenntnisreichen Seufzer eines Charterkapitäns, den Dichterkollege Friedrich Sch. einem ägyptischen König in den Mund legt, der gerade beim reichen Ringbesitzer Polykrates zu Besuch weilt, habe ich mich immer gehalten. Nur keinen Neid aufkommen lassen. Mit den Göttern soll man es sich nicht leichtfertig verscherzen, auch nicht in der Christlichen Seefahrt.

Wenn Poseidon oder sein römischer Berufskollege Neptun nach altem Seemannsbrauch den ersten Schluck aus der Flasche verlangen, gut, sie sollen ihn haben. Ich bin nicht so. Auch der windige Äolus kriegt seinen Teil. Den dritten Schluck nehme ich dann aber selbst, damit die beiden wissen, mit wem sie es zu tun haben.

Ich bin mit dieser Methode bis jetzt noch immer ganz gut gefahren. Nur einmal, in Griechenland, gerade als wir den langen Schlag zwischen den Inseln Andros und Samos beginnen wollten, ging absolut nichts mehr: Windstille. Flaute . . . Vielleicht lag es daran, daß es meine persönliche Wodkaration gewesen war und ich deshalb die ersten beiden Schlucke zu knapp bemessen hatte. Stunde um Stunde zog sich die Flaute hin. Die Crew, von der Sonne ausgetrocknet, hatte sich in den Schatten des Sonnensegels zurückgezogen und übte sich im Zeittotschlagen, einer beliebten, kräfteschonenden Tätigkeit an Bord. Niki schnitzte an einem Stück Treibholz herum, Leo versuchte sich an einem alten Tampen im Spleißen, Wolfgang wollte Postkarten schreiben, saugte in Wirklichkeit aber nur lust- und einfallslos an seinem Kugelschreiber wie Kojak an seiner Zuckerkugel.

„Bei dieser verdammten Hitze fällt einem aber auch wirklich nichts ein“, brauste Wolfgang plötzlich auf, als hätte ihn schon der Hitzschlag gestreift. „Kein Lüfterl, das dem Dichter die Stirn kühlt! Wie soll ich da einen originellen Einfall haben?“

„Schreib’ doch einfach: ‚Herzlichen Urlaubsgruß‘ und basta“, riet Niki.

„Haha, sehr originell.“

„Wenn’s originell sein soll, dann schreib’ etwas Griechisches.“

„Bin ich Homer? Ich bin nicht so klassisch gebildet wie du.“

„Glaubst du, ich kann noch ein Wort aus meiner Schulzeit? Ich kenne nicht einmal mehr alle Buchstaben, aber –“, Niki lachte in sich hinein, „ich male immer irgendeinen Text ab, von einer Milchpackung oder einer Keksrolle.“

„Das machst du wirklich? Einfach so?“ Man merkte Wolfgang an, daß ihn die Idee begeisterte.

„Klar. Die wenigsten Leute, denen ich Karten schicke, können Griechisch, also verstehen sie eh’ nicht, was ich schreibe. Die denken dann, wie gescheit ich bin, und reimen sich selbst den Text zusammen. Denn was schreibt man schon aus dem Urlaub? Daß das Wetter schön ist. Ich tu's halt auf griechisch."

„Aber wenn einer Griechisch kann?" Wolfgang wollte es genau wissen.

„Dann gibt es zwei Möglichkeiten. Entweder er ist sehr gelehrt und begreift, daß ich ihm einen Werbetext geschrieben habe; oder er denkt sich, was der für einen Blödsinn zusammenschreibt."

Wolfgang freute sich. „Klasse. Ich schreib' auch griechisch. Hast du noch nie Ärger damit gehabt?"

Niki schüttelte den Kopf. „Keinen ernsten. Einer Freundin hab' ich mal so geschrieben, die ist bis heute böse, weil ich ihr nicht verraten habe, was wirklich auf der Karte steht."

„Hat sie es nie übersetzen lassen?"

„Doch. In ihrer Firma hatte sie einen Volkshochschul-Griechen, der hat eine Übersetzung versucht. Er war aber ganz auf einen Grußtext oder eine Nachricht eingestellt und total verwirrt, als er was von ‚pasteurisiert' und ‚Fettgehalt' gelesen hat. Deshalb hat er an seinen und meinen Sprachkenntnissen gezweifelt und ..."

„Und hat die Freundin abblitzen lassen", ergänzte Wolfgang.

Gar nicht mehr lethargisch holte er aus der Kühlbox eine Milchpackung und begann vergnügt, den Text zu kopieren. Der Rest der Crew döste im Schatten weiter.

„Solltest du nicht Poseidon und seinem windigen Freund noch mal ein Opfer bringen?" brach Leo schließlich die gedanken- und sprachlähmende Stille. Ein G'spritzter, den er sich gerade einschenkte, mochte die Opferassoziation ausgelöst haben.

Ein G'spritzter ist in Österreich eine Mischung aus Wein und Sodawasser, eine Mixtur, die schon die Weisen unter den alten Griechen geschätzt haben. Natürlich ohne das Soda im Wasser. „Opfere deinen G'spritzten", riet ich, streng darauf bedacht, jede Bewegung zu vermeiden.

Leo tat empört. „Das dünne Wasserl? Daran wird Poseidon keine Freude haben. Wasser hat er genug."

„Dann wirf halt die ganze Weinflasche über Bord", nahm mir Wolfgang das Wort aus dem Mund.

„Da ist nix mehr drin!"

Eine Weile war wieder Ruhe, dann begann Leo aufs neue: „Sollten wir nicht doch ein Opfer bringen? Ein richtiges?"

Er hatte einen so schalkhaften Unterton in seiner Stimme, daß ich aufblickte. Seine Augen lenkten meinen Blick zum Achterschiff. Dort brutzelte seine Freundin Gerda in reichlich Öl splitternackt in der Sonne. Sie war schon braun wie eine Weihnachtsgans vor dem Tranchieren, aber sie hatte es offensichtlich auf eine Einbrennlackierung angelegt. Gerda war ein zierliches Persönchen mit einem flotten Mundwerk. Das kam vielleicht von ihren Zähnen, die so über Kreuz standen, als könne sie damit nur Xanthippe buchstabieren.

„Du meinst...?“ Ich deutete mit dem Kopf in Richtung Gerda. „Eine Windsbraut für Äolus?“

Leo grinste. „Klar, ein Menschenopfer!“

„Ja“, begeisterte sich auch Wolfgang an dem Gedanken, „schmeißen wir Gerda ins Wasser.“ Er rieb sich freudig die Hände.

„Mich?“ kam jetzt verwundert Gerdas spitze Frage vom Achterdeck. „Ich denke, es soll ein *Opfer* für euch sein?“

Nach den vielen Opfern, die ich den Göttern von meinem Anteil an der Pulle schon gebracht habe, ist es nicht weiter verwunderlich, daß sie mir dann und wann nicht nur die ungetrübte Freude gönnen, sondern mir auch noch einen Extrabonus an Schadenfreude zukommen lassen.

Zur ungetrübten Freude gehörte zum Beispiel die THISPE, eine brandneue 46-Fuß-Yacht. Sie war die erste einer Serie, die nie fortgeführt wurde, mit all den damals noch funktionierenden Extras, die man einem Schiff einbaut, um damit auf allen Bootsmessen künftige Eigner zu beeindrucken.

Zur ungetrübten Freude gehörte aber auch die Crew, für die ich dieses Vorzeigestück von einer Yacht gechartert hatte: keine Neulinge, aber auch keine abgebrühten Seebären, sondern ein gemischter Satz von Burschen und Mädchen, den man noch für das eine oder andere Manöver begeistern konnte.

Ein neues Schiff mit neuen Segeln, das müßte man doch so trimmen können, daß es hart am Wind ganz ohne Eingriff des Rudergängers lief. Laut gedacht – und schon wurde an den Schoten gezupft, wurde der Niederholer durchgesetzt und wieder leicht gefiert, wurde der Unterliekstrecker zentimeterweise dichtgeholt, wurden die Holepunkte Zacke für Zacke versetzt. Dann war es soweit. Die Yacht lief allein hoch am Wind, fiel ab, wenn er leicht drehte, und luvte auch selbständig wieder an. Frank, unser Rudergänger, war zum Zuschauer degradiert. Er brauchte nicht mehr einzugreifen.

So ein Manöver verdient nach alter Sitte einen Schluck. Die Bierstafette Kühlschrank-Plicht formierte sich gerade, als der zur Untätigkeit verdammte, in jeder Beziehung weitsichtige Rudergänger freudig meldete: „Da kommt Harry!" Alle blickten angestrengt seinem ausgestreckten Finger nach. Tatsächlich! Da kam Harry.

Sein Schiff, die TITANIA, eine zweite, etwas kleinere Yacht derselben Chartergesellschaft, war dank ihres Aufbaus und ihrer Farbe schon von weitem unverkennbar.

Es blies mit drei bis vier Beaufort, ein Segelwind für Anfänger und Fortgeschrittene, doch Harry hatte keine Segel gesetzt. Typisch.

Wir hatten Harry am Stützpunkt kennengelernt und uns bereits eine Meinung über ihn gebildet. Er hatte dort zwei Stunden lang mit vielen Worten sein Image derart poliert, daß jeder annehmen mußte, er hätte die 506 Seiten der „Seemannschaft" wenn schon nicht geschrieben, dann zumindest auswendig gelernt und könnte sie samt Inhaltsverzeichnis von hinten nach vorn jederzeit aufsagen. Nachdem er sich derart aufgespielt hatte, daß mir eins meiner Crewmitglieder zuraunte: „Der hat sicher einen Sextanten auf seinem Schweizer Messer", bewies er beim folgenden Ablegemanöver, daß er die praktischen Seiten der „Seemannschaft" überblättert haben mußte. Abstoßen war offensichtlich unter seiner seemännischen Würde, deshalb schrammte er die Mole einmal rauf und runter, ohne daß er sich von der Hafenmauer lösen konnte. Erst ein hilfreicher Passant gab dem Boot dann den entscheidenden Schubs.

Dieser Harry kam uns nun entgegen, und getreu dem Motto mancher Charterskipper „drei Windstärken sind zuwenig, vier zuviel" motorte er auf einem Vorwindkurs.

Wir sahen uns das Trauerspiel abwechselnd durchs Marineglas an. Da dauerte es nicht lange, bis die schlitzohrige Idee geboren war, dem Skipper der TITANIA eine boshafte Überraschung zu bereiten. Es bedurfte nur weniger Erklärungen, um die Bierstafette umzuleiten. Dose nach Dose wanderte aufs Vorschiff, für jedes Crewmitglied eine. Auch der Rudergänger wurde abgezogen und ließ am Bug die Beine locker über die Kante baumeln.

Harry machte Augen wie Faschingskrapfen. Das zehnstimmige „Prost!" bekam er gar nicht mit. „Wo habt ihr euern Rudergänger?" rief er erstaunt herüber.

„Brauchen wir nicht", antwortete Frank vom Vorschiff aus.

„Autopilot?“ fragte Harry, der noch immer nicht mitbekommen hatte, was da gespielt wurde.

„Nein. Wir haben auch keine Windfahne, nur eine Bierfahne“, lachte Frank, die Bierdose schwenkend. Damit nicht genug, stellte er Harry gnadenlos die Schicksalsfrage: „Wo hast du deine Segel? Vergessen?“

Harry hat Glück, aus unserer Rufweite zu gelangen. Aber wir konnten noch sehen, wie er, offenbar von seiner Crew getrieben, auf der TITANIA Segel setzen ließ.

Die Geschichte ist damit nicht zu Ende. Harry ging uns zwar im Stützpunkt aus dem Weg, doch so viele Wirtshäuser gibt es in keinem Ort, daß wir ihn nicht aufgestöbert hätten. Wir schonten ihn und sonnten uns nur ein wenig in der Bewunderung der anderen Crew. Aber dann bot sich eine Chance, die ich mir nicht entgehen lassen konnte, der Bonus, den mir die Götter zukommen ließen: Harrys Crew verlangte zum Nachtisch Palatschinken, die es aber wegen der vorgerückten Stunde in dem Restaurant nicht mehr gab. „Die gibt's bei uns“, lud ich spontan die andere Crew samt Harry auf die THISPE ein. Meine Burschen und Mädels spielten wunderbar mit. Harrys Crew wurde ein Traumschiff-Service geboten: Stereo-Musik und Drinks, vom schnell ernannten Barmixer im Shaker zubereitet, Palatschinken wie von Muttern und dazu eine Menge jener Segelgeschichten, wie man sie Leuten erzählt, die in einer Woche nur ein einziges Mal die Segel ausgerollt haben. Und das alles auf einem Boot mit Sitzpolstern aus weißem Saffianleder und mit elektrischer WC-Spülung.

Die Einladung zum Frühstück auf der THISPE versuchte Harry zwar abzublocken – man müsse noch packen, aufräumen und das Schiff säubern –, aber die Crew war bereits mit fliegenden Fahnen zu mir übergelaufen. Beim Frühstück steckten mir seine Leute ihre Adressen zu.

Im nächsten Jahr waren die meisten schon mit mir unterwegs.

Die ungetrübte Freude mit dem Klasseschiff, gewürzt durch Erfolg und Schadenfreude, währte nicht lange. Durch geschäftsbedingten Dauereinsatz, durch ungeübte Crews und nicht immer sachgemäße

Wartung vergammelte es viel zu schnell zu einem typischen Charterschiff. Die Tage, an denen es nichts zu reparieren gab, trug ich bald als „besonderes Ereignis“ ins Logbuch ein, aber immer erst am nächsten Morgen, um die Götter nicht zu versuchen. Manchmal bescherten sie mir nämlich noch knapp vor Mitternacht eine Überraschung, so daß ich schon ernsthaft daran dachte, mir einen Pyjama mit Schlaufen für das Werkzeug anzuschaffen.

Es fängt oft ganz harmlos an: Ich bin gerade in die Koje gesprungen, da steht Grete vor mir mit Schaum vor dem Mund. Zahnpasta, schließe ich, weil sie in einer Hand die Bürste, in der anderen den Becher hält. „Ich hab' kein Wasser“, blubbert sie. Ich also raus aus dem Schlafsack und zum Switchboard. Klar, die automatische Sicherung ist rausgesprungen. Ich drücke den Knopf, die Druckwasserpumpe beginnt zu schnurren. Zurück in die Koje. Ich hab' das linke Bein noch nicht drinnen, da tönt es schon wieder aus der Dusche: „Ich hab' noch immer kein Wasser!“

Ich beruhige Grete. „Du mußt ein bißchen warten, bis sich Druck aufgebaut hat.“ Trotzdem setze ich mich nur noch mit einer Backe auf meine Koje und lausche. Die Druckwasserpumpe schnurrt wieder brav.

„Noch immer nix!“ meldet die Zahnpastareklame, die aus der offenen Duschraumtür hängt.

Jetzt ist der Fall klar: Der Tank ist leer. Ich muß umschalten. Dazu räume ich Turnschuhe, Socken und eine feuchte Badehose weg, die jemand neben dem Niedergang verloren hat, rolle den Teppich zurück und will das Bodenbrett aufheben, unter dem sich die Tankventile befinden. Aber das Schnapperl klemmt. Ich hole mein Segelmesser aus der Koje und kann mit dem spitzen Marlspieker endlich den Verschluß lösen. Bodenbrett raus, Ventil des ersten Tanks zu, des zweiten auf – erledigt! Meldung an die immer noch zahnpastaverschmierte Grete: „Jetzt müßte es geh'n.“

Ich will das Bodenbrett wieder auflegen, da merke ich den Geruch: Diesel! In der Bilge?

Ich vergewissere mich, stecke erst vorsichtig den Finger und dann noch vorsichtiger die Nase hinein. Es *ist* Diesel. Und Wasser.

Wasser okay, aber wo kommt der Treibstoff her?

Ich tausche Schlafhaube gegen Skippermütze, Pyjama gegen Jeans und mache mich auf die Suche.

Zuerst müssen Maria und Walter aus ihrer Kabine, denn von dort komme ich am besten an den Motor heran. Gemeinsam suchen wir die Maschine ab, aber die Servietten, mit denen wir sie betupfen, bleiben trocken. Jetzt fliegen auch Bernhard und Thomas aus den Kojen, denn unter ihren Matratzen geht es zum Dieseltank. Dort findet sich auch rasch der Fehler. Die Verschraubung des Dieselstandanzeigers ist gebrochen. Billiges Plastik.

Der Rest der Nacht vergeht mit einer provisorischen Reparatur und mit Pumpen. Walter will die Bilge einfach ins Meer lenzen. Im Hafen von Split hätte ich dem zugestimmt, da wäre es auf die paar Liter mehr nicht angekommen. Aber wir liegen in der Uvala Necujam, einer Badebucht der Insel Solta. Die wollen wir uns nicht selbst versauen. Also pumpen wir das Diesel-Wasser-Gemisch aus der Bilge von Hand in einen Kanister, warten, bis sich das Wasser abgesetzt hat, und lassen es durch ein Loch, das wir mit dem Marlspieker bohren, in eine Pütz rinnen.

Als die Sonne aufgeht, arbeiten wir noch zu zweit. Der Rest der Crew hatte angeblich eine ruhige Nacht.

Ich brauche mein Logbuch nicht erst zu Rate zu ziehen, um von all meinen Törns den zu benennen, der mir am meisten abverlangt hat.

Als Charterskipper muß man ja mit Schraubenzieher und Siebzehnerschlüssel per du sein. Davon lebt die Branche. Aber was sich damals auf der Strecke zwischen Catania und Split abgespielt hat, hätte fast gereicht, mir und der Crew das Segeln zu verleiden.

Ich hätte eigentlich schon mißtrauisch werden sollen, als der Eigner nach der Schiffsübergabe in Catania die ganze Crew zu einem fürstlichen Abendessen einlud. So etwas tun Yachtbesitzer normalerweise nicht. Aber beim Durchchecken hatten weder ich noch Edi, mein Copilot, irgendwelche Mängel entdecken können, sah man einmal von einer schwergängigen Ruderanlage ab. Da aber hatte der Eigner schon so viel Öl hineingefüllt, daß damit eine Sardinenfabrik ihren Monatsbedarf hätte decken können. Deshalb aßen wir fromm wie die Firmlinge und tränken wie die dazugehörigen Paten. Böse Ahnungen wurden in Rotwein ertränkt und mit den Resten der Henkersmahlzeit abserviert.

Die fröhliche Stimmung hielt auch noch am nächsten Tag an. Ich war mit „mixed Pickles“ unterwegs, einer gemischten Crew, die bei raumen drei Beaufort nichts anderes zu tun hatte, als auf dem Vor- und Achterdeck Sonnencreme zu verbrauchen, in Reiseführern nach Sehenswürdigkeiten zu stöbern und Restaurantempfehlungen zu studieren. Otranto, Brindisi und Bari lagen auf unserem Weg, den „Barletta“ wollten wir an Ort und Stelle verkosten, und dann war noch ein Badestopp auf den Tremiti-Inseln eingeplant. Von dort sollte es über die Adria nach Vis und Split gehen.

Den ersten Fingerzeig auf das, was uns bevorstand, bekamen wir, als mit der Sonne auch der Wind schlafen ging. Auf das Kommando „Maschine an“ rührte sich nichts. Der Diesel sprang nicht an. Alles Vorglühen und Schlüsseldrehen, Streicheln und gute Zureden half nichts. Auch auf Schimpfen und Fluchen zeigte der Murl keine Reaktion. Da half nur noch Brutalität: einen Schraubenzieher zwischen den Plus- und Minuspol des Starters gerammt – und da war er.

Sofort waren alle Sorgen vergessen. Schlüssel? Wozu? Wir hatten doch den Schraubenzieher. Ein Blick auf die Kontrollen: alles normal. Neues Kommando: „Entspannen! Weiter Bordleben spielen.“

Zum Glück hatte ich damals Edi als Co-Skipper dabei. Er war zwar wie ich kein Mechaniker, aber ich freue mich an Bord über jeden, der weiß, wo bei einem Schraubenzieher vorne ist, nach welcher Seite man eine Mutter aufdrehen muß, und wo man bei einem Dieselmotor das Wasser und wo das Öl einfüllt. Zahnarzt Edi aber konnte mehr. Er war ein richtiger Mehrbereichszangler, und der ist auf einem Schiff nicht mit Gold aufzuwiegen. Erst im Lauf der Zeit kam ich dahinter, woher Edi seine technischen Kenntnisse hatte: Sein Vater war Maschinenschlosser, und Edi hatte schon als Kind statt mit Kübel und Schauferl mit Muttern und Schrauberln gespielt.

Wir zerbrachen uns natürlich über die Panne mit dem Startschlüssel den Kopf, aber weil wie bei allen Schiffen auch bei der KATHARINA die Kabel zum Startschloß wohlverborgen hinter allen möglichen Einbauten lagen, ließen wir die Reparaturversuche sein und trösteten uns mit dem Schraubenzieher.

Bald hatten wir außerdem andere Sorgen: Obwohl die Maschine lief und Strom ins Bordnetz liefern sollte, wurde der Saft in den Batterien weniger und weniger. Mit einem einfachen Meßgerät, das ich immer mitführe, konnten wir gerade noch feststellen, daß die Lichtmaschine tatsächlich Strom produzierte. Wo der Saft aber versickerte, blieb uns ein Rätsel, bis uns einer der luxuriösen Salonstrahler Zeichen gab. Er flackerte. Jetzt ging uns ein Licht auf: Kurzschluß!

Da der Fehler nicht zu finden war, bauten wir die Strahler hurtig aus. Kerzenlicht ist ja so romantisch!

Die Spannung stieg, aber nur bei uns. Obwohl wir alles abschalteten, was nur entfernt wie ein Stromverbraucher aussah, wurden die Batterien immer schwächer. Am Abend darauf saßen wir – na ja, jedenfalls im Dunkeln. Sowohl die Starterbatterie als auch die beiden großen Komfortbatterien waren leergesoffen. Ausgesaugt. Unsere Versuche, sie umzupolen und anders zu kombinieren, um noch einen letzten Startversuch aus ihnen herauszuquetschen, fruchteten nichts. Es reichte nicht einmal für ein klitzekleines Positionslicht.

Als „Fliegender Holländer" pflügten wir durch die Nacht. Einem Schwarm von Fischerbooten, den wir vor Kap Rizzato durchquerten, machten wir uns mit einer Taschenlampe bemerkbar. Mit wenig Wind und vielen Flauten, die wir einfach ertragen mußten, zitterten wir uns nach Crotone durch, einem Industriehafen, wo es vielleicht Reparaturmöglichkeiten gab. Auch würde das Manövrieren unter Segeln in einem großen Hafen keine Schwierigkeiten machen. In den modernen Marinas mit ihren verwinkelten Steganlagen hat man ja mit einem 14-Meter-Kahn nur die Chance, sich als Crashpilot einen Versicherungsnamen zu machen.

Das Anlegemanöver ging fast in die Hose. Der geplante Aufschießer mißlang, weil das Boot nicht in den Wind drehen wollte. Die Böen drückten uns gegen die Kaimauer. Da geschah ein kleines Wunder: Die eben noch menschenleere Mole wimmelte plötzlich von jungen Männern, und wie aus dem Nichts streckten sich uns zwanzig hilfreiche Hände entgegen, die Leinen übernahmen und beim Segelbergen halfen.

Der Spuk verschwand, wie er gekommen war, im Laufschritt. Die sprintschnellen Ragazzi hatte uns der aufmerksame Kapitän eines italienischen Kriegsschiffs zu Hilfe geschickt, das an der anderen Seite der Pier lag. Der Capitano erzählte uns später, er sei selbst Segler und hätte unsere Schwierigkeiten geahnt. Wer verirrt sich auch heute noch unter Segeln in einen Hafen?

Drei Tage Zwangsrast trug die Crew mit Fassung: zwei, um die Batterien in einer Autowerkstatt zu laden, und 24 Stunden, um das Leck im Stromkreis zu finden. Dabei halfen uns ein Automechaniker und der Bordingenieur eines türkischen Frachters. Der Türke stellte uns nicht nur sein Wissen, sondern großzügig auch sein Werkzeug zur Verfügung. Der Mechaniker wurde mit Lira, der Türke mit „birra“ bezahlt. Das hatten wir gleich anfangs im Kühlschrank seines Schiffes zwischengelagert, als Eiserne Ration.

Wir hatten durch die Flauten und die drei Hafentage viel Zeit verloren, deshalb segelten wir, als alles in Ordnung schien, schon eine Stunde vor Mitternacht wieder los. Bis nach der Geisterstunde blieben wir auf Steuerbordbug hart am Wind. Das war schönstes Segeln durch eine Nacht voll fallender Sterntaler.

Bei der Crew kam gerade wieder so etwas wie sentimentale Urlaubsstimmung auf, als die KATHARINA plötzlich in den Wind schoß. Edi war früher auf den Beinen als ich. „Was ist denn jetzt schon wieder los mit dieser . . . “ Seiner Frage fügte er ein paar Bezeichnungen für die KATHARINA hinzu, die er sicher nicht in seiner Zahnarztpraxis gelernt hatte.

Während ich in der Backskiste nach der Notpinne kramte, sah sich Edi im Licht einer Taschenlampe die Bescherung unter Deck an. „Beide Stempel der hydraulischen Ruderanlage haben sich verabschiedet“, meldete er nach wenigen Minuten. „Der eine muß schon seit längerer Zeit aus der Führung gesprungen sein, er hat fast die ganze Kabinenwand durchgekratzt.“

Jetzt fiel mir die Schiffsübergabe wieder ein und das viele Öl in der Ruderanlage. Da hatte sich der Eigner wohl mit einer Salatkur statt mit einer Reparatur beholfen und uns den Schwarzen Peter zugeschoben. Deshalb war auch der Aufschießer mißlungen. Von da an räumten wir den Werkzeugkasten gar nicht mehr weg, obwohl er nicht mehr enthielt als ein paar rostige Gabelschlüssel, zwei Schraubenzieher, von denen der eine so verbogen war, daß man damit ein Ringelspiel in Fahrt hätte reparieren können, eine Patentrohrzange sowie den üblichen Bodensatz aus Isolierbändern, Draht, Schrauben mit nicht dazu passenden Muttern, verluderte Schlauchklemmen und wahrscheinlich lauter kaputte Ersatzglühlampen.

Die Liste der Kleinigkeiten, die es in den nächsten Tagen so zwischendurch zu reparieren gab, liest sich wie das Auftragsbuch einer gut ausgelasteten Schiffswerft. Ich zitiere aus dem Logbuch: Neue elektrische Bilgenpumpe gekauft und eingebaut – Leine von Fockroller gebrochen, wurde erneuert – Log ausgebaut und repariert – Druckwasserpumpe gegen Salzwasserpumpe (Spüle) ausgetauscht – Pumpklo achtern mit Büroklammer wieder in Ordnung gebracht – Stopfbuchse gedichtet – Großfall durchgescheuert, wurde erneuert – Lampe im Topplicht gewechselt – Halterung der Handlenzpumpe gebrochen (kann nicht repariert werden).

Solche Kleinigkeiten gehörten zum Bordalltag, darüber regten wir uns nicht auf. Aber da der guten wie der schlechten Dinge immer drei sind, waren wir seelisch auf eine weitere Großreparatur vorbereitet. Sie kam wie der Morgenhusten eines starken Rauchers: erwartet, aber nicht erwünscht. Und genauso störend. Und es passierte wieder in einem Augenblick, in dem wir auf keine Hilfe von außen rechnen konnten. Mitten in der Adria pfiff die Maschine auf uns und begann heißzulaufen. Wir versuchten es mit einem neuen Impeller bei der Salzwasserpumpe und bauten einen neuen Thermostat ein und wieder aus. Wir checkten jede nur erdenkliche Stelle der Maschine durch und mußten schließlich feststellen, daß die Süßwasserpumpe leckte und das Wasser in die Bilge tropfte. Da traute sich nicht einmal mein Mehrbereichs-Edi dran, nicht mit dem vorhandenen Werkzeug.

Wäre ja nicht weiter schlimm gewesen. Schließlich waren wir auf diesem Törn schon einmal ohne Motor ausgekommen. Aber draußen regte sich kein Hauch, und uns lief die Zeit davon. Unser aller Urlaub ging zu Ende, wir konnten uns eine weitere Verzögerung einfach nicht mehr leisten. Zudem war es unter Deck drückend heiß, und die fruchtlosen Dauerreparaturen mit Werkzeug wie aus dem Kinderbaukasten begannen Edi und mich zu nerven.

Man muß es uns angesehen haben, denn als Kathi nicht ganz zufällig einen Blick durch den Niedergang auf uns warf, entschlüpfte ihr ein gehauchtes: „O Gott!"

Ich brachte ein schwaches Lächeln zustande, aber Kathi machte mir schnell klar, daß die hohe Anrede weder mir noch Edi gegolten hatte. „Du schaust drein wie der Pik-Siebener in einem abgegriffenen Kartenspiel, und Edi ist genauso zerknittert. Wollt ihr nicht endlich eine Pause machen?"

Sie formulierte es als Frage, aber Edi und ich wußten sofort, daß es eine geschickte rhetorische Finte war. Sie wollte uns zumindest theoretisch die Möglichkeit geben, nein zu sagen, wartete dieses Nein aber gar nicht erst ab, sondern scheuchte uns wie zwei Lausbuben, die man beim Äpfelstehlen erwischt hat, aus dem Salon an Deck. Die Ruine des Motors blieb, wie sie war: ein halbfertiger Sockel für das Denkmal des unbedankten Skippers.

Urplötzlich mit der frischen Luft konfrontiert, sackten Edi und ich zusammen. Wir waren wirklich am Ende. Kathi reichte uns Bier und eine medizinische Dosis Wodka herauf, kochte eine doppelte Portion Spaghetti und zauberte aus Tomaten, Zucchini, frischer Zwiebel und allerlei Gewürzen einen Sugo dazu, wie ihn so nur eine sizilianische Mama am Hochzeitstag ihrer verwachsenen Tochter den Gästen vorsetzt.

Kathis Kur zeigte auch bald bei uns Wirkung. Mit jedem Nachschlag Nudeln, den wir hinunterschlangen, wurden wir ruhiger, mit jedem Schluck Bier nüchterner – obwohl das ein Widerspruch zu sein scheint. Plötzlich kam uns alles gar nicht mehr so schlimm vor, Lösungen begannen sich abzuzeichnen. Wir bauten den Motor wieder zusammen. Dann wurde zur Steuerbord- und Backbordwache noch eine Wasserwache aufgestellt. Sie hatte nichts anderes zu tun, als den Motor mit Kühlwasser aus einer flachen Whiskyflasche zu versorgen. Anders war bei geschlossener Motorabdeckung an den Einfüllstutzen nicht heranzukommen.

Der Motor wurde zum Säufer. Anfangs genügte ihm eine halbe Flasche alle fünfzehn Minuten, bald aber lief das Wasser ebenso schnell aus der Pumpe, wie es der „Wassermaat" einfüllen konnte. Und der Pegel in der Bilge stieg. Der Zustand wurde unhaltbar.

Da erfand Edi den dritten Wasserkreislauf.

Er steckte die Schläuche der elektrischen Bilgenpumpe so um, daß fortan das Wasser aus der Bilge gleich wieder in den Kühler zurückgepumpt wurde. Dann verlegte er mit einem Verlängerungskabel den Schalter, damit der Rudergänger mit einem Daumenflicken alle zwei, drei Minuten die Pumpe ein- und wieder ausschalten konnte.

Dieser dritte Wasserkreislauf funktionierte so gut, daß wir weder in Vis noch in Hvar einen Reparaturstopp einlegten, sondern bei ruhiger See zum Einklarieren gleich bis Split durchmotorten.

Der Eigner war baß erstaunt, als wir dort pünktlich eintrafen. Er hatte, wie er sich am Telefon ausdrückte, „mit einigen Schwierigkeiten" gerechnet. Die ellenlange Reparaturliste quittierte er mit einem trockenen: „Das kriegen wir bald wieder hin." Ich habe trotzdem nie wieder bei ihm gechartert.

Zugegeben, solche Zangltörns sind in den letzten Jahren seltener geworden. Die Charterfirmen haben sich gebessert. Die Konkurrenz ist härter geworden. Aber es muß ja nicht immer das Schiff schuld sein, wenn der Skipper keine Ruhe findet. Manchmal sind die Ursachen ganz anderer Natur: Das Schlagen der Fallen am Mast ist ein Geräusch, das jeder kennt, der einmal bei windigem Wetter einen Segelhafen besucht hat. Ist man an Land, klingt dieses Läuten wie Musik, unter Deck aber hört es sich ganz anders an. Da wird das Klingeln zu einem nervenaufreibenden Hämmern, das Crew und Skipper die Nachtruhe raubt.

Das Schlagen der Fallen hat aber auch etwas Gutes. Kommt in einer zunächst ruhigen Nacht plötzlich Wind auf, dann wirken die Fallen wie ein Wecker und treiben den Skipper im Polsterumdrehen aus der Koje.

Genauso war es, als wir in der weiten Bucht vor dem Bimssteinwerk auf der griechischen Insel Gyali vor Anker lagen. Ich hatte es mir im Salon bequem gemacht und vielleicht schon eine Stunde geschlafen, als ich plötzlich hochschreckte. Das Großfall schlug im

Polkatakt gegen den Mast. Merkte das denn keiner? Da mußte doch längst jemand . . . Aber es rührte sich im ganzen Schiff nichts. Entweder hörten es die anderen wirklich nicht, oder sie warten, bis ich . . . Schließlich war ich der Skipper.

Schlapp und verschlafen wälze ich mich aus der Koje, stecke den Kopf aus dem Niedergang. Ein Gewitter zieht auf. Barfuß schleiche ich an Deck, spanne das Großfall gegen die Baumnock ab und bändsle die anderen Fallen an die Wanten. Dazu muß ich mir allerdings erst eine Leine aus der Backskiste holen. Jetzt können die Fallen nicht mehr scheppern, auch wenn der Wind stärker wird. Ich kontrolliere noch den Anker, stecke ein paar Meter Kette mehr – sicher ist sicher – und verkrieche mich wieder in meinen Bau.

Augen zu! Geht. Ohren zu! Geht nicht. Gespannt horche ich auf den Wind und ein unbekanntes Geräusch, das aus Richtung Pantry kommt. In einem der Schapps rollt etwas. Hin und her, aber immer nur, wenn auch das Schiff rollt. Und es rollt nur, wenn es aus der Wellenrichtung schwojt.

Nach einer Weile wird es mir zu bunt. Ich erhebe mich wieder. Mit der Taschenlampe leuchte ich in das Schapp. Warte auf das Rollen. Da ist es. Ganz hinten liegt ein rundes Hölzchen, das eigentlich die Gläser voneinander trennen sollte. Es ist abgebrochen und rollt herum. Das Ding direkt zu fassen, gelingt mir nicht, ich bin zu klein. Also muß ich zuerst die acht Teller, die acht Suppenschalen, die Zitronenpresse und die stapelbaren Plastikbecher ausräumen und die Gläser neu ordnen. Und dann Stück für Stück alles wieder verstauen.

Geschafft! Zurück zu meinem Polster. Aber jetzt kommt ein Klickklick aus der Spüle. Ich verfluche alle – auch mich –, die nach dem letzten Umtrunk ihre Gläser nicht gespült und verstaut, sondern achtlos in das Becken gestellt haben. Nach dem dritten Klicken bin ich dort und stopfe wütend ein Schwammtuch zwischen die Störenfriede.

Fünf Minuten Ruhe, dann geht es in der Navigation los. In meinen leidgeprüften Ohren klingt es, als würde dort ein Panzer auf und ab rasseln. Aber es ist nur ein heimtückischer Bleistift. Und er liegt genau dort, wo man nur hinkommt, wenn man alle Karten ausräumt. Dazu bin ich zu faul. Ich stopfe die Karten zu einer Panzersperre zusammen, damit ist er blockiert.

Erschöpft haue ich mich wieder hin. Die Dünung ist stärker geworden. Da hat doch gestern abend glatt einer die Flasche achtlos... Den letzten Schluck hab' ich mir selbst und dann...

Himmel!

Ich hab' die Flasche, die jetzt zu wandern beginnt, selbst... Verdammte Sauferei! Diesmal springe ich aus der Koje, fange die Flasche auf, ehe sie abstürzt, und stelle sie in die Flaschenbox.

Siebter Versuch, wieder einzuschlafen. Aber da ist noch etwas: ein feines Tick–tick vom Herd. Leise, aber es stört mich. Die Teekanne? Der Nudeltopf? Ich schiebe beide hin und her und verstaue sie schließlich im Schapp unter der Spüle. Aber das Ticken bleibt. Nach langem Suchen finde ich es: das Backblech, das schlecht in seine Halterung geschoben wurde.

Weil ich schon auf bin und weil der Wind weiter auffrischt, sehe ich noch nach dem Anker. Eine Ankerwache scheint mir ratsam. Ich teile mich gleich selbst für die ersten zwei Stunden ein.

Nach der Halbzeit ist die Gewitterfront durchzogen, Wind und Wellen beruhigen sich. Endlich könnte ich mich schlafen legen, aber jetzt bin ich putzmunter. Ich gehe hinunter und mache mir einen Tee. Damit setze ich mich in die Plicht und warte auf den Sonnenaufgang. Der ist in Griechenland immer besonders schön.

Neben solchen Tücken, mit denen man auch auf dem bestgewarteten Schiff immer rechnen muß, überrascht einen oft die Crew mit handgemachten Blödheiten, wobei dem Einfallsreichtum keine Grenzen gesetzt sind.

Miriam ist schon x-mal mit mir unterwegs gewesen. Sie ist nett, hübsch, intelligent und aufs Segeln versessen, nur leider fehlt ihr jeder Sinn für das Boot und seine technischen Details. So oft sie an Bord kam – also x-mal –, erklärte ich ihr erneut die Funktionen des Pump-WC und beschwor sie jedesmal eindringlich, ja nichts ins Klo zu werfen, was dort nicht hineingehörte. Städter sind ja in dieser Richtung verbildet. Genauso schwor Miriam jedesmal Stein und Bein, sie würde diese selbstverständliche Regel beachten.

Aber was passiert?

Da steht sie mit der Unschuldsmiene einer achtzigjährigen Jungfrau und bittet mich um Hilfe: Das Spülwasser läßt sich nicht aus dem WC abpumpen. Vorsichtig versuche ich es selbst. Sie hat recht.

Rundumfrage an den Rest der Crew: „Hat jemand...?“ Keiner hat.

Also direkte Frage an das Unschuldslamm: „Miriam, hast du...?“

„Nein, bestimmt nicht. Jetzt kenne ich mich doch schon aus.“

Mit einem Seufzer schleppe ich den Werkzeugkoffer an. Zerlegt präsentieren sich Klo und Pumpe ohne Fehler. Nur sauber waren beide nicht, und auch ich bin es jetzt nicht mehr. Trotzdem suche ich weiter durch die Brühe, den Schlauch entlang. Wo das Klo der Achterkabine mündet, ist ein T-Stück eingebaut. Der Schlauchbinder, seit Jahren nicht beachtet – wozu auch? – läßt sich erst nach einer gründlichen Behandlung mit Rostlösespray demontieren. Das Stückchen Schlauch direkt am T-Stück muß ich abschneiden, weil es mit dem Metall fest verklebt ist.

Und da habe ich dann endlich das Corpus delicti, das satt das T-Stück verschließt: ein reife, pralle Weintraube. Sie paßte genau in das durch Haare, Papier und Dreck schon fast zugewachsene Metallstück.

Ich hole sie mit spitzen Fingern heraus und präsentiere sie Miriam wie eine besondere Delikatesse.

„Die ist mir beim Frisieren ins Klo gefallen“, gesteht sie mit der Miene eines Bauern, der dem Versicherungsagenten gerade erklärt, daß er den Stadel nicht angezündet hat.

„Seit wann frisierst du Trauben, und noch dazu im Klo?“

Miriam entgeht der Scherz. „Ich hab’ doch *mich* frisiert und die Trauben dabei gegessen.“

„Und wer hat das Ding dann weggepumpt?“

„Na ich, weil ich doch nicht ins Wasser greifen wollte.“

„Du meinst, im Dreck sollte lieber ich wühlen?“

Sie versucht es nochmals mit einem Verzeihung heischenden Lächeln: „Ich wollte wirklich nicht...“

„Ich auch nicht.“

Ich hatte das anrüchige Stück, das mir Miriam da beschert hatte, schon wieder vergessen, da zeigte mir das Schicksal, daß es auch gerecht sein kann. Die 44er, mit der wir damals unterwegs waren, hatte wie fast alle Yachten dieser Größe eine Dusche vorne und eine im Achterschiff. Irgendwann knapp vor dem Ende unseres zweiwöchigen Törns gab die Duschbeckenpumpe im Achterschiff ihren Geist auf. Da wir keinen Ersatz an Bord hatten, beschlossen wir, die Dusche nicht mehr zu benützen. Auch Miriam wurde von mir persönlich über diese Abmachung unterrichtet.

Trotzdem: Keine zwei Stunden später hörte ich sie fröhlich in der Achterdusche pritscheln. Erst ärgerte ich mich maßlos darüber, dann freute ich mich geradezu teuflisch.

Das sollte sie mir büßen.

Als Miriam die Dusche verließ, stand ich mit Pütz und einem hämischen Grinsen vor der Tür. „Na, erfrischt?“

„Ja“, antwortete Miriam kurz und schickte, verwundert ob meines Interesses, ein schnippisches: „Warum?“ nach.

„Weil du gleich wieder ins Schwitzen kommen wirst.“

„Ich?“

„Na klar, du. Oder wer sonst, glaubst du, wird das Wasser aus dem Duschbecken schöpfen? Ich bestimmt nicht!“

Sie murmelte etwas von „vergessen“ und von „Möglichkeiten, die es sicher gäbe“, aber ich blieb stur. Da schaltete sie auf trotzig um. Das könne doch keine Schwierigkeit sein; ich solle mich nicht aufregen, sie bekäme das schon hin. Ich streckte ihr nur wortlos die Pütz entgegen.

Miriam wurde geschäftig. Erst versuchte sie, die Gräting über dem Duschbecken zu entfernen, doch der Gitterrost ließ sich nur ein paar Zentimeter heben. Dann probierte sie es mit der Handpumpe, doch die paßte nicht durch das Gitter.

Aber sie gab nicht auf. Hätte ich von ihr auch gar nicht erwartet. Mühsam schob sie durch den Zentimeterspalt, den sich die Gräting heben ließ, ein Schwammtuch und tunkte in schweißtreibender Handarbeit die paar Liter auf, die sie verpritschelt hatte.

„Da hast du deine blöde Dusche wieder trocken“, meldete sie verschwitzt und zornig und feuerte die Pütz in eine Ecke.

„Okay“, sagte ich betont ruhig, „und falls du noch mal duschen willst, dann zeige ich dir, wie man die Gräting entfernt, damit man mit der Handpumpe..."

Komisch, sie wollte es nicht wissen. Dabei war es gar nicht so kompliziert. Man mußte nur die Tür des Naßraums von innen schließen, sich aufs Klo setzen, die Füße anheben und zwischen den Beinen hinuntergreifen. So konnte man die Gräting sogar ganz entfernen.

Die kleinen Freuden, die einem die Götter zum Ausgleich für all den Ärger gönnen, fallen uns allerdings nicht immer so leicht in den Schoß. Manchmal muß man als Skipper ganz schön hart dafür schuften.

Der Hafen der griechischen Insel Hydra ist einer der schönsten, die ich kenne. Das fast kreisrunde Becken wird von Tavernen, Restaurants und Kaffeehäusern gesäumt, und dahinter erhebt sich weiß die Stadt, die sich den halben Hang hinaufzieht. Ein Touristenpanorama, dessen Schönheit erst richtig zur Geltung kommt, wenn die zahllosen Fährschiffe all die Touristen gegen Abend wieder eingesammelt haben.

Der Reiz von Hydra hat sich natürlich längst auch unter den Yachtskippern herumgesprochen, so daß jeden Abend ein abenteuerliches Gedränge im Hafenbecken herrscht. Glücklich der, wer da einen Platz an der Pier ergattern konnte, so wie wir mit unserer NERISSA.

Wir waren extra früh von Poros aufgebrochen und hatten Hydra zu einem Zeitpunkt erreicht, an dem die Yachten dort gerade ausliefen. Mit anderen Worten: Wir konnten uns den Platz aussuchen.

Wenige Stunden später allerdings gab's wieder die übliche Knutscherei zwischen den Fendern und das Küßchen-Küßchen zwischen den Salings der vor Buganker liegenden Yachten. Und immer noch preßte sich da und dort einer mit aller Gewalt in eine Lücke, die kaum eine halbe Schiffsbreite ausmachte.

Früh vor Anker zu gehen, ist in Hydra gut, früh auszulaufen aber ist schlecht.

Warum?

Weil im runden Hafenbecken die Anker wie die Speichen eines

Rades liegen, und zwar einer über dem anderen. Der erste Anker ganz unten war unserer. Nun ist das Klarieren eines Ankers an und für sich ein simples Manöver, aber nicht so in Hydra. Da hatte sich ein Spaghettiberg aus Ankern und Ketten gebildet, bei dem nicht immer klar war, welche Kette über welcher lag und welcher Anker zu welcher Kette gehörte.

Wir mußten die Sache also methodisch angehen: eine Kette nach der anderen unterfangen, heben, einen Anker nach dem anderen klarieren. Dabei kamen wir uns wie Schauspieler in einem griechischen Freilichttheater vor. Die dankbarsten Zuschauer waren die Crewmitglieder der anderen Yachten. Kurzweil boten wir auch den Besuchern auf den Terrassen der Tavernen, die sonst Hydras Katzen und Esel beobachten. Die besten Plätze aber hatten die Bonzen auf den großen Motoryachten, die mit dem zweiten „Early Morning Drink" in der Hand vom Oberdeck ihrer Kreideklippen unsere Vorstellung genossen.

Eineinhalb Stunden werkelten wir. Sechs fremde Anker hatten sich in unsere Kette gekrallt. Aber als wir schließlich ausliefen, gab es nicht mal Applaus.

Wo die kleine Freude bleibt, von der zu Beginn die Rede war?

Geduld!

Die Götter haben mit der Zuteilung nur etwas gezögert. Genau vier Tage lang. Dann liefen wir nämlich in den Hafen von Mykonos ein. Ich mag diesen Hafen nicht. Die Stadt ja, aber nicht den Hafen. Der Platz, den man dort für Yachten vorgesehen hat, ist mit Unterwasserfelsen gespickt, die selbst bei Flaute jedes Anlegemanöver zum Hasardspiel machen. Außerdem habe ich schon beobachtet, wie ein Monster von Fährschiff seine tonnenschwere Ankerkette über die etwas zu weit ausgebrachten Anker der Yachten legte und damit alle fürs Wochenende blockierte, die nicht bereit waren, sich an den Kosten für einen Taucher zu beteiligen.

Den Rest der Liegeplätze teilen sich Fähren und Ausflugsboote ohne Zahl, deshalb machte ich mir gar keine Hoffnung auf einen Liegeplatz. Doch bei unserer obligaten Hafenrunde entdeckten wir an der Außenmole zwei Fischkutter, die richtig unbenützt aussahen. An denen gingen wir, ohne viel zu fragen, längsseits.

Interessierter Beobachter unseres Manövers war der weiß gekleidete Kapitän einer der Kreideklippen aus Hydra, die jetzt in rechtem Winkel zu uns vor unserem Bug lag.

Wir hatten kaum festgemacht, da winkte mich der Weiße heran. Ich turnte in den Bugkorb. Der Weiße beugte sich so weit über die eigene Reling, als wollte er mich küssen, und fragte im Verschwörerton: „Brauchst du einen Wetterbericht?"

An der Frage konnte ich nichts Unrechtes erkennen. Und weil Segler am Wetter immer interessiert sind, sagte ich natürlich „natürlich".

„Dann komm auf die Mole", ging's verschwörerisch weiter. Ich nickte und kletterte über die beiden verlassenen Fischerkähne an Land. Dort drückte mir der Weiße verstohlen eine kleine Rolle in die Hand. „Ich darf das eigentlich nicht", flüsterte er dabei. „Aber ich habe euch in Hydra zugeschaut, mit welcher Ruhe und Effizienz ihr die Anker klariert habt. Ihr habt euch das wirklich verdient."

Das tat gut. So gut, daß ich meine Mannschaft gleich auf einen Drink einladen mußte.

Der Weiße stellte mir weitere Röllchen vom Wetterfernschreiber alle drei Stunden in Aussicht, ließ sich aber zu keiner Erklärung verleiten, was daran so geheimnisvoll oder verboten sein sollte. Auch wer der Eigner seines schwimmenden Hochhauses war, wollte er uns nicht sagen.

Das fanden wir erst heraus, als wir nach besagten Drinks, einem Abendessen und weiteren Gläsern Wein zu unserer NERISSA zurückkehren wollten. Die Mole war gesperrt, von einem Polizeiaufgebot abgeriegelt. Keiner durfte durch. Erst nachdem ich den Offizier überzeugt hatte, daß ich der Skipper des Segelboots da draußen war, daß die Boys und Girls meine Crew waren und daß wir nichts anderes wollten als in die Kojen, durften wir die Sperre passieren. Allerdings gab uns der Capo einen bewaffneten Polizisten mit, der sich überzeugen sollte, daß wir auch alle brav an Bord gingen. Bei dieser Eskorte erkundigten wir uns dann, wem denn die ganze Aufregung galt, welcher Bonze da so geschützt wurde.

Der Polizist war erstaunt: „Was? Das wißt ihr nicht? An Bord ist der höchste NATO-Boß, Generalsekretär Manfred Wörner."

Jetzt war uns alles klar: Unser Wetter kam direkt von der NATO! Es war wirklich eine sehr detaillierte und auf unser Seegebiet beschränkte Prognose.

Nur eines sei allen Amateurwetterfröschen, Wolkendeutern und Barometerhexen ins Logbuch getippt: NATO hin, Headquarter her – die Vorhersage war falsch.

Die Überraschungen, die sich die Götter speziell für uns Segler einfallen lassen, sind immer nach dem gleichen Muster gestrickt: einmal glatt, einmal verkehrt, einmal Sonne, einmal Regen, einmal Streicheleinheiten, dann wieder ein Tritt in den Hintern. Erst schmeichelt uns Äolus mit Harfenklängen, um gleich darauf mit Poseidon gemeinsam Rabatz zu machen, damit die übermütigen Yachties in ihren lächerlich kleinen Booten nicht den Respekt verlieren.

Aber bei allem Respekt: Manchmal passieren Dinge, bei denen auch eine von Neptun geschüttelte, von Strapazen zermürbte und von Seekrankheit dezimierte Chartercrew noch herzlich lachen kann.

Uns passierte es auf einem Überführungstörn, den ich mit ein paar Freunden über Weihnachten und Neujahr absolvierte. Wir hatten das um diese Jahreszeit schon öfter gemacht und dabei wettermäßig die tollsten Überraschungen erlebt, von der heißen Silvester-Bordparty im T-Shirt bis zur Eisbärennacht, in der man es trotz Mamas kiloschwerem, handgestricktem Pullover unter dem arktistauglichen Ölzeug keine halbe Stunde an Deck aushalten konnte.

Die Crew ist bei solchen Eisbärtörns nicht sommerlich bunt zusammengewürfelt, sondern besteht aus Profiseglern, die im Sommer selber als Yachtskipper fahren. Skipper dieser Crew ist stets, wer den Job bringt.

Trotz des mitunter schlechten Wetters habe ich diese Wintertörns immer geschätzt. Denn während ich bei einer Feriencrew im Sommer ständig auf dem Sprung sein und alles nachprüfen und beaufsichtigen muß, kann ich mich bei einer Profimannschaft auf jeden einzelnen verlassen. Da gehe ich auch bei schwerstem Wetter beruhigt zur Koje, weil ich genau weiß, daß die neue Wache ihre Sache ebensogut macht wie ich – wenn nicht besser.

Das Boot, das wir damals in einem Zehn-Tages- und Nachtritt von Marmaris in der Türkei nach Pula im damaligen Jugoslawien bringen sollten, war eine namenlose Victory 42, die sich auf den ersten Seemeilen als rassige Schönheit präsentierte. Ein Urteil, dem grenzenlose Ahnungslosigkeit zugrunde lag.

Der erste Schlag gegenan brachte die ebenso bittere wie feuchte Erkenntnis: Das Schiff machte Wasser, soviel Wasser, daß wir es „Zisterne“ tauften.

Ich teilte damals mit dem Student Thomas die Bugkabine, doch das Wasser vertrieb mich schon am zweiten oder dritten Tag. Es durchnäßte nicht nur die Koje, sondern flutete auch sämtliche Stauräume im Vorschiff. Zum Glück hatten wir wenigstens einen Teil unserer Wäsche und Ausrüstung in Plastik verpackt, so daß wir das Notwendigste in den noch trockenen Salon retten konnten.

Für Thomas' Handgepäck kam der Rückzug zu spät. Deshalb sah es im Salon bald wie in einer Fälscherwerkstatt aus. An kreuz und quer gespannten Leinen baumelten, vorsorglich mit Klammern gesichert, verwaschene türkische Lira, salzwasserverkrustete griechische Drachmen und ausgelaugte Dinari; daneben Ausweise mit und ohne Wasserflecken sowie eine ganze Reihe Bücher, die Thomas zu trocknen und damit zu retten versuchte. Geld und Ausweise konnten Stunden später trocken abgenommen werden, die Bücher aber gingen, nachdem sie mehrmals sogar zum Sonnen an Deck gebracht worden waren, als unrettbar über die Kante. Ob Poseidon etwas mit technischer Physik anfangen konnte?

Natürlich suchten wir nach dem Leck und glaubten, es im Ankerkasten gefunden zu haben. Doch so, wie das Wasser bei Seegang hereinströmte, konnte nur die Verbindung zwischen Rumpf und Deck undicht sein. So blieb uns nichts anderes übrig, als um schönes Wetter zu beten und für achterlichen Wind ein ordentliches Opfer zu bringen.

Der Frachter SOUTHERN STAR, der unseren Kurs querte und den wir über Funk um einen Wetterbericht angingen, machte uns Hoffnung auf Südwind in der Adria. Aber zunächst wurde nichts daraus. Es kam vielmehr so, wie wir befürchtet hatten: Nördlicher Wind von Stärke sieben bis acht baute eine grobe See auf. Obwohl wir deutlich abfielen, schäumte die Adria übers Deck und setzte die Bugkoje erneut unter Wasser.

Das schaffte die Bilgenpumpe nicht mehr, wir mußten schöpfen. Das Kauern im rollenden, stampfenden Schiff bekam Georg, unserem Skipper, nicht gut. Urplötzlich stürzte er an Deck, und noch ehe er seinen Sicherheitsgurt eingepickt hatte, ging es armdick los.

„Das klingt nach einem halben Hendl mit Salat und fünf Krügen Bier“, charakterisierte Thomas die Geräusche treffend, während er Georg am Strecktau sicherte. Danach fiel der Skipper für die nächsten Stunden aus. Wir halfen ihm in seine Koje.

Um die Adria wieder aus der „Zisterne“ zu bekommen, drehten wir gegen zwei Uhr früh bei. Wir schöpften und pumpten noch eine Weile, dann krochen wir total erschöpft gleichfalls in die Schlafsäcke. Nur Walter blieb als Wache an Deck.

Wann wir wieder Fahrt aufnahmen, weiß ich nicht. Ich schlief, auf der Bank im Salon gut verspreizt, tief und fest.

Plötzlich ein Geräusch.

Ich schreckte hoch.

Ich schrecke immer hoch, wenn es ein unbekanntes Geräusch an Bord gibt. Und das war ein Zischen, wie ich es noch nie gehört hatte.

Wassereinbruch?

Von Deck stürzte die Wache herunter. Die anderen Crewmitglieder fuhren aus ihren Kojen. Sogar der seekranke Skipper stand, noch bleicher als vorher, im Salon.

Und es zischte weiter.

Wir starrten gebannt in die Ecke des Salons, aus der das Zischen kam. Das Geräusch materialisierte sich scharlachrot.

Jetzt sahen es alle, und wie ein Mann brachen wir in schallendes Gelächter aus.

Das Scharlachrote war meine automatische Schwimmweste. Ich hatte, ehe ich mich hinlegte, den Lifebelt mit der integrierten automatischen Schwimmweste achtlos auf den Salontisch geworfen. Als wir wieder Fahrt aufnahmen und entsprechend Lage schoben, hatten die schweren Karabinerhaken den Sicherheitsgurt vom Tisch gezogen. Durch die Krängung des Schiffes stieg an Steuerbord das Bilgenwasser über die Bodenbretter und löste an meiner Schwimmweste den Aufblasmechanismus aus.

Wir haben nach dieser strapaziösen Nacht Dubrovnik angesteuert und uns dort bei Scampi und ein paar Bier erst einmal den Schreck von der Seele gelacht. Und uns ausgeschlafen. Dann sprang der Wind, wie von der SOUTHERN STAR versprochen, endlich auf Süd um und trieb uns mit unserer „Zisterne" in rekordverdächtigen 38 Stunden nach Pula.

Der fleischfressende Vegetarier

Starkwindsmutje contra Hafenkoch – Mozart paßt nicht zu Gulasch – Captain's Dinner mit der Beißzange – Malakofftorte lockt Nachtschwärmer – Immer ein Trick in Reserve

Was soll an einem Essen schon schlecht sein, für das zunächst einmal ein Kilo Zwiebeln geröstet wird? Dieser Zementlehrsatz aus der „haute cuisine de la navigation populaire“ bedarf des Fragezeichens nicht. Drückt er doch, auf einen praktischen Nenner gebracht, unbestritten das aus, was sich jeder von der Bordverpflegung erwartet: Sie soll schmackhaft sein. Hält sich der Smutje auch noch an die andere, ebenso unbestrittene Erkenntnis, daß Seeluft hungrig macht, so kann eigentlich nichts mehr schiefgehen.

Leider gibt es gerade auf Segelyachten im Dunstkreis der Pantry fürchterliche Dilettanten, die sich allerdings schon bei der einfachen Tätigkeit des Zwiebelschneidens sofort selbst entlarven: Wer da schön Scheibchen für Scheibchen heruntersäbelt, darf sich bei mir gleich hinter jenem küchenlateinischen Analphabeten einreihen, der nach dem dritten Versuch, sein Frühstücksei selbst zuzubereiten, resignierend bemerkte: „Jetzt koch' ich das Ding schon zehn Minuten, und es ist immer noch nicht weich.“

Nein, das Essen ist auf einem Schiff viel zu wichtig, als daß man alles, was damit zusammenhängt, einem Laien überlassen könnte.

Ich koche zwar selbst gerne und gut, aber ich freue mich immer, wenn ich jemanden an Bord habe, der die Zwiebel aus dem Handgelenk schneiden und mir die ganze Backschaft abnehmen kann. Einmal ist es mir sogar passiert, daß ich gleich zwei solcher Spezialisten an Bord hatte.

Es sollte ein ganz gewöhnlicher Urlaubstörn werden, von Mali Losinj hinunter in die Kornaten. Wo wir schließlich zwei Wochen lang herumgesegelt sind, ist mir im Detail entfallen. Ich erinnere mich nur, daß wir ununterbrochen gegessen haben. Die Gourmetreise wurde allerdings durch einen Umstand getrübt: Wir hatten zuviel Wind. Nicht zum Segeln, aber zum Kochen. Das bekam Randolf, genannt Dolfi, nicht. Ihm wurde schon bei Windstärke zwei speiübel, im wahrsten Sinne des Wortes. Daher verbrachte er den größten Teil seiner Bordtage angegurtet im sogenannten Büßereck, der in Lee gelegenen Ecke des Heckkorbs. Seine Seekrankheit hinderte ihn aber nicht daran, mit einem weiteren Crewmitglied namens Pedro (Peter) endlose Debatten übers Essen und seine Zubereitung zu führen.

Dabei stellte sich bald heraus, daß der Zahnarzt und Hobbykoch Dolfi die feine moderne Küche bevorzugte, während sein seetüchtiger Widerpart, der Versicherungskaufmann Pedro, mehr der deftigen Hausmannskost zugetan war.

Pedro war ein Phänomen: Er hatte erstmals in seinem Leben einen schwimmenden Untersatz unter seinen Beinen, nicht einmal eine Luftmatratze wollte er bis dahin benutzt haben. Er fuhr den Törn auch nur mit, weil Freunde gemeint hatten, nach seiner Scheidung täte ihm Abwechslung gut.

Vom Segeln hielt Pedro nicht viel. Er verbrachte die meiste Zeit unter Deck. Da saß er gut verspreizt im Salon, in der einen Hand ein Glas Whisky, in der anderen eine dicke Castro-Zigarre, und las eine Zeitung, bei deren Lektüre den meisten Leuten schon an Land übel wird.

Pedro gab diese Position nur auf, um die Decksmannschaft mit Bier, Broten oder Zigaretten zu versorgen oder um zu kochen. Das konnte er (fast) bei jedem Wetter.

Bevor er ans Zwiebelschneiden oder Erdäpfelschälen ging, erschien er stets im Niedergang und machte uns mit seinen Menüvorschlägen den Mund wäßrig. Der seekranke Dolfi sackte dann jedesmal, wenn vom Essen die Rede war, noch mehr in sich zusammen. Er brauchte danach immer eine gute halbe Stunde, um sich wieder zu erholen.

Dann aber versuchte er, verbal in die Essensvorbereitungen einzugreifen. In der Debatte, die sich so zwischen Niedergang und Büßerecke entwickelte, ging es um elementare Fragen: Ob man besser Butter statt Öl nimmt, ob Knoblauch, zu lange geröstet, bitter wird, ob Oregano oder Basilikum oder keines von beiden die richtige Würze hervorbringt, und ob die Verwendung von Suppenwürfeln überhaupt oder nur auf Segelyachten mit Kielholen bestraft werden sollte.

Starkwindsmutje Pedro ließ sich dadurch nicht verwirren. Er briet und brutzelte und röstete nach seinen eigenen Rezepten und mästete uns förmlich mit Lasagne verdi, Wurstknödel und Weinkraut, Rindsrouladen in Wurzelsauce und ähnlichen Gerichten, an denen meine böhmische Großmutter ihre helle Freude gehabt hätte.

Da durfte Dolfi nicht nachstehen. Schon um zu beweisen, daß er in die Praxis umsetzen konnte, was er theoretisch aus seiner Ecke kundtat, stand er am Herd, sobald wir irgendwo anlegten. Auch zu nachtschlafenden Zeiten. Als offiziell ernannter Hafensmutje mußte er sich beeilen, um alles vor dem Auslaufen fertig zu haben. Von ihm kamen dann Köstlichkeiten wie geeiste Kartoffel-Lauch-Suppe, Kalbsfilet in Blätterteig oder, schon zum Frühstück, backfrische Schinkenkipferl mit Kräutersauce.

Nie vergessen werde ich aber seine Fischsuppe. Nicht wegen des – zugegeben – hervorragenden Geschmacks, sondern wegen des Wassers, das um diese Suppe gemacht wurde. Die ganze erste Törnwoche lag uns Dolfi mit dieser Suppe in den Ohren, wieder und wieder erläuterte er das Rezept. Wir rissen uns fast die Beine aus, um alle Zutaten zusammenzutragen, doch das Wichtigste, eine Knolle Sellerie, konnten wir nicht auftreiben. Wir suchten alle Märkte und Supermärkte danach ab, aber Zeller war nicht zu finden. Fragen konnten wir nicht, da keiner wußte, was Zeller auf serbokroatisch heißt. Dolfi jedoch erklärte kategorisch: „Ohne Zeller keine Fischsuppe."

In dem kleinen Fischerdorf Bozawa auf der Insel Dugi Otok schlug dann endlich die Fischsuppenstunde. Wir fanden einen Wirt, der uns das Schlüsselwort verriet: Zeller heißt „Celer". Und – Dolfi konnte es gar nicht fassen – hinterm Gasthaus wuchsen die schönsten Knollen.

Jetzt kam die Stunde der Wahrheit. Schon um fünf Uhr morgens hörten wir Dolfi in der Pantry werken, um sechs schlich er von Bord, um den Fisch zu holen, den er sich schon am Vortag hatte reservieren lassen, um halb acht war die Komposition fertig.

Dolfi aß davon keinen Löffel, denn als die Suppe zu Mittag mit Knoblauchcroutons serviert wurde, hing er selbst so bleich und zerfranst wie ein Eisfahnderl nach der Saison in seiner Ecke und war nicht mehr im Stande, einen Löffel, geschweige denn seine Suppe zu halten.

Da war Karl P. schon aus anderem Holz. Karl P. hieß immer Karl P. Nicht Karl oder Karli, nicht Charlie oder Charles, einfach Karl P.

Karl P. war mein Co-Skipper, als wir vor vielen Jahren die Yacht BIANCA von Mallorca nach Sizilien überstellten. Ich kannte ihn als guten Segler, wußte aber nicht, daß er manchmal unter Seekrankheit litt. „Ich muß mich", erklärte er mir, „erst an die Schaukelei gewöhnen. Wenn es gleich am ersten oder zweiten Tag hoch hergeht, dann werd' ich marod'."

Damals war es so. Obwohl es nach dem Auslaufen von Palma nur mäßigen Seegang gab, hing Karl P. herum wie eine Eintagsfliege am zweiten Tag. Nicht einmal meinen Wodka akzeptierte er. Auch Rudergehen, sonst die beste Therapie für Seekranke, machte ihn nicht munter.

Als es ans Abendessen ging, winkte er erwartungsgemäß ab: „Für mich nichts, mir ist nicht gut."

Er blieb aber bei uns sitzen, als wir uns an Deck genüßlich über einen gewaltigen Berg köstlicher Eiernockerl mit Salat hermachten. Und es kam, wie es meist kommt, wenn ein Seekranker anderen beim Essen zusieht. Karl P. sprang plötzlich auf und stürzte an die Reling. Das folgende unappetitliche Geräusch versuchten wir am Tisch tapfer zu überhören. Dann allerdings nahm der Fall eine überraschende Wendung: Der eben noch Geschwächte zog sich sichtlich erleichtert unter Deck zurück, um sich die Zähne zu putzen, und tauchte schon nach wenigen Minuten wieder im Niedergang auf, Teller und Besteck in der Linken. Mit der Rechten griff er sich mein Bier: „Darf ich?"

„Ich bin ein selbstlenzender Skipper", wollte ich noch protestieren, aber da war mein Glas schon leer.

„Ich mußte doch den Zahnpastageschmack vertreiben", entschuldigte sich Karl P., „sonst schmecken mir die Nockerl nicht. Und die will ich mir auf keinen Fall entgehen lassen." Sprach's und lud sich eine ordentliche Fuhre auf.

Von da an war er gesund.

Wenn ich selbst koche, beginnen alle meine Rezepte mit den gleichen Worten: „Man nehme ein Bier."

Ich kann nicht anders. Kaum binde ich mir die Schürze um, beginnt es mich im Hals zu kratzen. Um die Raspel aus der Kehle zu spülen, muß ich mir ein Bier einschenken. Das gehört zum Küchenritual. Ohne Bier geht nichts.

Musik gehört auch dazu. Aber da fällt mir die Wahl der richtigen Kassette mitunter schwer. Nicht jede Musik paßt zu jedem Gericht. Mozart und Gulasch zum Beispiel geht nicht zusammen. Oder können Sie sich vorstellen, daß Wolfgang Amadeus die Kleine Nachtmusik komponiert und dabei Gulasch gegessen hat? Oder daß ihm bei Würstel mit Kohl die Arie der Königin der Nacht eingefallen ist?

Strauß zu Wiener Schnitzel und Erdäpfelsalat, das geht. Auch paßt Gershwin zu Kartoffelpuffer oder Smetana zu Krautfleisch. Mozart verträgt sich dagegen mit Ravioli, Mozarella und Fettuccini, mit Forelle à la Müllerin, eventuell auch mit einem feinen Schinkenauflauf.

Was zu Wagner passen würde, koche ich nicht. Rockmusik habe ich auch probiert, aber dabei hat mir schon das Inspirationsbier nicht geschmeckt. Der gute alte Ludwig van behagt mir. Er regt mich zu deftigen Gerichten an, und die liegen auf meiner Linie.

Schließlich muß ich ja eine Crew von sechs oder zehn hungrigen Seglern satt kriegen. Wer denkt, das sei keine große Kunst, der vergißt, wie Seeluft und Urlaubsstimmung und vor allem das dolce far niente den Appetit anregen. Eine Crew ist wie ein Heuschrekkenschwarm, der alles ratzeputz vernichtet, was ihm unter die Beißerchen kommt. Und das dreimal am Tag. Normalerweise kann ich mir mit reichlich Beilagen, viel Saucen, die man mit Brot auftunkt, mit dicken Suppen und sättigenden Vorspeisen helfen, aber manchmal sind die Töpfe an Bord trotz allem nicht groß genug.

Ich hatte einmal so eine Mannschaft, die einfach nicht genug kriegen konnte. Dabei war sie als Crew ganz durchschnittlich. Da war Gerhard, ein sportlicher Typ, Freeclimber, nicht sehr groß und ohne ein Gramm Fett am Leib. An seiner kalorienbewußten Freundin Barbara waren höchstens die Beine zu stämmig, sonst konnte sie sich in jeder Boutique von der Stange einkleiden. Dritter im Bund war Gunnar, ein blonder Hüne, nach dem sich im Hafen die Mädchen umdrehten. Mir hat er immer eingeredet, er sei zu siebzig Prozent invalid, doch ich konnte keine Schwachstelle an ihm finden. Den Gesundheitsschaden mußte er sich wohl im Bodybuilding-Studio zugezogen haben. Wenn Gunnar ein Fall durchsetzte, brauchte man keine Winsch mehr, und den Anker holte er Hand über Hand schneller auf als die elektrische Winde. Vierter auf der Liste war Peter, ein Computerfreak, von dem man aufgrund seiner Figur annehmen mußte, er ernähre sich ausschließlich von Micro-Chips. Old man Meyer und sein Sohn, young Meyer, waren Uhrmacher und sahen auch so aus: zartgliedrig wie ihre Werkstücke. Der einzige, dem man wirklich größeren Appetit ansah, war Karl, ein bärtiger Altphilologe, der außer dem Essen noch zwei Leidenschaften hatte: Bücher und Navigation. Komplettiert wurde die Crew durch zwei Damen, Gerti und Lotte, die aber beide im Bikini gute Figur machten und daher bei der Menage nicht ins Gewicht fielen.

Trotzdem, zusammen verschlangen diese neun Personen eine Menge, mit der jede japanische Sumo-Ringer-Truppe satt geworden wäre.

Von Tag zu Tag steigerte ich die Menge, erst auf das Doppelte, dann auf das Dreifache, und immer noch kratzte einer zum Schluß den Topf aus.

Da konnte nur noch Smutjes Geheimwaffe helfen: mein Reisfleisch, das normalerweise nur Schwerarbeitern nach ärztlicher Notverordnung verabreicht werden darf, weil es auf Stunden hinaus lähmt.

Diesem fetten Reisfleisch, in das Speckstücke mit einer Halbwertszeit von mehreren Stunden eingearbeitet waren, schickte ich noch eine Brotsuppe voraus, wie sie die Waldviertler Bäuerinnen früher den Schnittern aufs Feld bringen ließen – in der Viskosität einem modernen Mehrbereichsöl vergleichbar.

„So“, sagte ich, als ich diese Monatsration einer chinesischen Großfamilie auf den Tisch brachte, „wenn ihr auch diese Portion heute schafft, lade ich euch alle zum Essen ein.“ Und weil ich ganz sicher war, daß sie meine magenverleimende Mischung nicht bezwingen würden, fügte ich noch leichtfertig hinzu: „Zu einem Langustenessen.“

Ich hätte es nicht sagen sollen, nein, das hätte ich nicht! Kaum war das Wort Languste ausgesprochen, wußte ich schon, daß ich verloren hatte. Um mich zu ärgern, aßen sie alle mit den Fingern. Sie rollten aus dem Reisfleisch handliche Bällchen, die sie, wie Kanoniere die Kugeln, auf ihren Tellern stapelten. Wenn sie jetzt damit zu schießen anfangen, so dachte, nein, hoffte ich, habe ich gewonnen. Aber sie schossen nicht, sondern stopften sich Reiskugel für Reiskugel in den Mund. Nachdem sie die ganze Munition verfuttert hatten, kratzten sie noch die letzten Körnchen aus dem Topf, teilten sie gerecht auf und hatten dann die Stirn, lautstark einen Nachschlag zu verlangen. Dazu trommelten sie wie bei einer Gefängnisrevolte mit dem Besteck auf Topf und Teller.

Kurz gesagt, das Reisfleisch kam mich teuer zu stehen.

Apropos Languste: solche Leckerbissen fehlen üblicherweise auf meinem Speiseplan, aber wenn ich zum Captain’s Dinner bitte, können sie schon vorkommen.

Zu diesem Festessen lade ich die Crew bei jedem Törn einmal ein. Dann übernehme ich entweder im Restaurant die Zeche oder lasse mir an Bord etwas Besonderes einfallen. In Milos waren das Langusten.

Wir hatten eine schwere Überfahrt hinter uns. Bei immer stärker auffrischendem Meltemi waren wir in pechschwarze Dunkelheit hineingesegelt. Just in dieser Nacht gab das Feuer Spathi auf der Südhuk der Insel Seriphos seinen guten Geist auf. Wir hatten es noch gepeilt, doch dann blieb der richtungsweisende Blitz plötzlich

weg. So hatten wir uns mit doppeltem Ausguckposten durch die stürmische Nacht getastet und erst gegen drei Uhr früh die Einfahrt in den Ormos von Adamas gefunden.

Die Mannschaft beschloß, am späten Vormittag nach Milos hinauf zu wandern, um die armlose Venus zu suchen. Ich blieb an Bord zurück, strolchte aber, nachdem ich klar Schiff gemacht hatte, im Hafen herum. Dabei lief ich einem Fischer in die Arme, der drei fangfrische Langusten zu einem sagenhaft niedrigen Preis anbot. Spontan beschloß ich: Die drei werden mein Captain's Dinner.

Gedacht, gekauft. Dann die Fledermaus-Kassette in den Recorder. Strauß gibt den richtigen Schwung für so ein Festessen. Ich kochte die Langusten, rührte eine nicht ganz echte Sauce Hollandaise dazu an und deckte den Tisch feierlich mit Kerzen und gefalteten Servietten. Als Schmuck schnitt ich ein paar Blütenzweige von einem Oleanderbusch und stellte sie in ein Gurkenglas. Vase hatte ich keine.

Als die Crew zurückkehrte, brachten Ingrid und Lotte gleichfalls ein paar Blumen mit. Sie waren aber der Ansicht, mein Oleander sei giftig und vertrage sich nicht mit ihren Blüten.

„Stellt sie trotzdem zusammen“, entschied ich, weil ich kein zweites Gurkenglas hatte.

„Aber wenn sie sich doch beißen!“

„Dann werde ich halt ins Logbuch eintragen, daß es heute an Bord eine Rauferei gegeben hat.“

Mit den Blumen ging alles glatt, nur mit den Langusten hatten wir unsere liebe Not, weil uns das nötige Werkzeug fehlte. Das Problem wurde von unserem „Bordingenieur“ gelöst. Er suchte aus dem Werkzeugkasten eine Flach- und eine Beißzange heraus, die, in kochendem Wasser sterilisiert, zwei vortreffliche Hummerzangen abgaben.

Was ich gern zum feierlichen Abschluß des Captain's Dinner serviere, ist eine Malakofftorte. Sie ist schiffstauglich, weil man dafür keinen Teig kneten und nichts im Rohr backen muß. Eine Malakofftorte wird nur aus Biskotten und Creme zusammengepappt. Sie ist eine Art Tiramisu aus Großmutters Tagen, nur mit wesentlich mehr Rum getränkt.

Wegen solch einer Torte hätten wir in Jugoslawien einmal fast unser Schiff versenkt.

Wir waren schon auf der Heimreise von einem Urlaubstörn, bei dem wir die schönsten Buchten von Solta, Brac und Hvar abgeklappert hatten. Vom mittelalterlichen Trogir waren wir mit fast Südostkurs zur Uvala Stipanska hinter der Nordwesthuk von Brac gesegelt. In der nächsten Nacht warfen wir in der Bucht Tiha im Golf von Stari Grad den Anker und machten danach in der Marina von Vrboska fest, um die fensterlose Wehrkirche zu besichtigen und zu besteigen. Weil der Wind gerade günstig war, rundeten wir nach einem ausführlichen Badestopp in der seichten Uvala Vlaska die Osthuk von Hvar, mußten uns dann aber beeilen, um vor einer aufkommenden Bora in Loviste unterzukriechen. Die Bora entwickelte sich nicht richtig, deshalb konnten wir nach Scedro aufkreuzen und in der Fünf-Finger-Bucht Grillfisch und Einsamkeit mit den Crews vierzig anderer Yachten teilen. Von dieser Bucht hatte schon der Hafenkapitän in Trogir geschwärmt und sie mir mit den Worten: „Nichts als ein Fischer, ein Haus und eine Palme!“ schmackhaft gemacht. Haus und Palme fand ich, aber der Fischer entpuppte sich als freundlicher Beutelschneider, der im Bund mit seiner österreichischen Frau Fische und Bootsbesatzungen gleich schnell ausnahm.

Da das Sperrgebiet um die Insel Vis gerade aufgehoben worden war, segelten wir anschließend dorthin und erlebten jugoslawische Inselgastfreundschaft in Reinkultur. Als Empfangschef fungierte ein wohl vom Weißen Riesen herausgeputzter Hafenkapitän, der von seinem Kioskbüro, einem Burenwurststand nicht unähnlich, die ein- und auslaufenden Yachten dirigierte. Darüber hinaus gab er sehr differenzierte Restaurantempfehlungen, nachdem er sich vorher erkundigt hatte, ob der Crew der Sinn nach Fisch oder Fleisch, nach bodenständiger oder internationaler Küche stand. Wir entschieden uns für bodenständig mit Fisch und landeten bei einem Fischer, der auf einem Stück Drahteinsatz als Grillrost die Fische mit der Gabel buchstäblich niederhalten mußte, so frisch waren sie. Den Wein in Gläser abzufüllen, damit hielt sich der Mann nicht erst auf, er zeigte uns gleich das Faß in der Garage: Selbstbedienung! Den Preis dafür berechnete er nach dem Grad der Alkoholisierung. Raten Sie mal, wer am meisten bezahlt hat.

Dann aber ging es zurück nach Hvar, von wo wir mit einem Zwischenstopp in der fjordartigen Bucht von Maslinika wieder nach Trogir segeln wollten.

Während der Überfahrt von Vis nach Hvar bereitete ich auf allgemeinen Wunsch eine Malakofftorte vor. Ich hatte nämlich Namenstag, und den wollten wir in Hvar mit einem großen Abendessen feiern. Anschließend sollte es an Bord die Nachspeise geben. Wir waren allerdings spät dran, deshalb fanden wir im Hafen wieder mal keinen Platz, an der Mole nicht und zum Ankern auch nicht. Nach langem Hin und Her, ob wir in die gegenüberliegende Marina Palmiczana segeln sollten, entschieden wir uns, bei einem Neckermann längsseits zu gehen. Das war die einzige Möglichkeit, in der Stadt zu bleiben.

„Neckermänner" nannten wir die auf Großsegler getrimmten ehemaligen Küstenfrachter, die man im damaligen Jugoslawien ebenso fand wie in Griechenland und in der Türkei. Neckermänner erkennt man an den Segeln, die nie gesetzt werden, und an der Schar älterer Ladies, die bei jedem Landfall wie Hornissen ausschwärmen und mit kleinen automatischen Kameras alles fotografieren, was sich ihnen in den Weg stellt.

Gleich drei solcher Neckermänner lagen in Hvar an der Mole, und beim mittleren gingen wir mit Erlaubnis des Kapitäns längsseits.

Wir waren ziemlich aufgekratzt, als wir gegen Mitternacht an Bord zurückkehrten. Adam, Seglerfreund und großherziger Wirt eines Restaurants in der Altstadt, hatte in der Treppengasse vor seinem Lokal ein paar Tische zusammengeschoben und uns mit in Wein gedünsteten Muscheln und einer Riesenportion Scampi alla griglia verwöhnt. Beides hatten wir mit entsprechenden Mengen Wein vom nahen Peljesac hinuntergespült: Seegetier muß schwimmen.

Und jetzt ging's an die Torte. Zwei Flaschen dazu, eine rot, eine weiß, noch ein Windlicht – perfekt!

Nur hatten wir nicht mit den „Hornissen" gerechnet. Ein ganzer Schwarm fiel über uns her. Über uns und unsere Torte. Und wir waren selbst daran schuld.

Ich war gerade dabei, die Torte auszuteilen – schneiden muß man das pappige Ding ja nicht – als vom Oberdeck unseres Nachbarschiffes eine nicht zu überhörende Stimme ertönte: „Ach, ihr habt es aber nett da unten. Und so eine schöne Torte!" (Das Ganze auf englisch).

Wir sahen hinauf. Von der Reling lachten zwei freundliche

Gesichter herunter, umrahmt von violetten Haaren. Übermütig hob ich ihnen meinen Teller entgegen und fragte im Scherz (auf englisch): „Wollen Sie kosten?“

Meine Crew lachte, die beiden Neckies lachten, und ich lachte auch, sogar noch, als die beiden mit einem begeisterten: „O ja!“ (auf deutsch) das Angebot annahmen.

In der irrigen Meinung, daß wir es bei den beiden mit den letzten Nachtschwärmern der Neckermann-Truppe zu tun hätten, reichten wir die Kostprobe nicht aufs andere Deck hinüber, sondern halfen den Neckies auf unser Schiffchen. Ihre gekreischten Komplimente – ich weiß jetzt, warum so viele von ihnen allein reisen – lockten bald andere Neckermann-Girls an. Wir wollten keine Spaßverderber sein, also luden wir sie alle auf unsere kleine Yacht ein. Es dauerte nicht lange, da saßen und standen, Glas oder mitgebrachten Zahnputzbecher in der Hand, dichtgedrängt an die dreißig wackere Damen bei uns an Deck, und mitten unter ihnen stand ihr jugoslawischer Kapitän, ein kleines Manderl mit einem breiten Schnurrbart und dem scheußlichsten Englisch, das ich je gehört hatte. Ich machte mir ernsthaft Sorgen, ob unsere 46-Fuß-Yacht für diese Deckslast groß genug war – oder ob sie samt den Neckies sinken würde.

Natürlich reichten weder Torte noch Wein für alle, aber die Neckies ließen sich nicht lumpen. Sie schafften von ihrem Schiff und aus den Gasthäusern der Umgebung Flasche um Flasche herbei. Der kleine Kapitän ließ sogar die Reste eines kalten Buffets aus seiner Kombüse holen.

Die spontane Namenstagsfete ging erst zu Ende, als sich Rufe wie: „Ruhe da unten!“ und: „Wir wollen endlich schlafen!” von den beiden anderen Neckermännern häuften.

Trotzdem versicherten uns die Ladies, als wir ihnen auf ihr großes Schiff zurückhalfen, sie hätten auf ihrer ganzen Reise noch keinen so vergnüglichen Abend erlebt.

Als Charterskipper bin ich beides: Demokrat und Diplomat. Demokrat, weil ich die Crew entscheiden lasse, wo wir hinsegeln; Diplomat, weil ich ihnen die Ziele, die mir überhaupt nicht in den Kram passen, wieder ausreden muß.

Manchmal muß der Wind als Ausrede herhalten: „Ob wir das bei dem Wind schaffen? Da liegt die halbe Crew flach, ehe wir dort sind!“ (Die gefährdete Hälfte will zum Glück nicht flach liegen.)

Manchmal finde ich in der Seekarte einen Grund: „Da sind 2,5 Meter Wassertiefe angegeben. Wir haben aber 2,3 Meter Tiefgang, ohne euch und beide vollen Wassertanks. Allerdings könnten wir draußen ankern und mit dem Beiboot hin und her rudern.“ (Die Ruderknechte winken ab.)

Manchmal rettet mich das Hafenhandbuch: „Das wird aber eine

unruhige Nacht! Da steht: ‚Die Dieselmotoren des E-Werks direkt am Hafen laufen die ganze Nacht'." (Ihre Nachtruhe ist der Crew heilig.)

Manchmal hilft nur der Hinweis auf ein besseres Ziel: „Also, wenn wir schon Kythnos anlaufen, dann doch gleich Loutra, da gibt es den besten Wirt der ganzen Kykladen." (Die Crew ist begeistert.)

Das stärkste Argument, ehe ich mich zu autoritären Entscheidungen durchringe, ist aber immer noch die Zeit. Erst wiege ich nachdenklich den Kopf, dann stelze ich mit dem Zirkel über die Karte, kalkuliere Entfernung und Zeit und erkläre schließlich seufzend: „Das schaffen wir nicht." Zieht immer.

Falls jetzt der Eindruck entstehen sollte, daß meine Törns eingefahrenen Gleisen folgen, so stimmt das nicht. Ein Segelboot ist kein Kreuzfahrtschiff. Feste Fahrpläne gibt es bei der Neckermann-Linie, bei mir nicht.

Trotzdem habe ich, schön übers Revier verteilt, einige Plätze, die ich immer gern anlaufe. So ein Stützpunkt ist zum Beispiel ein Ort mit interessanten Sehenswürdigkeiten, wo es der Mannschaft nicht langweilig wird, wenn ich wegen einer dringenden Reparatur einen Hafentag einlegen muß. Oder es ist eine besonders gut geschützte Bucht, in die ich selbst bei unhandigem Wetter auch in der Nacht einlaufen kann. Oder es ist ein Wirtshaus mit einer delikaten, abwechslungsreichen Speisenkarte.

Ganz wichtig sind Stützpunkte, die man gegen Ende des Törns anläuft und von denen aus man unter allen Wetterbedingungen rechtzeitig die Charterbasis erreicht.

Auf der Kykladeninsel Kea habe ich in Korissa so ein Wasserloch. Wenn wir dort am frühen Nachmittag auslaufen, sind wir etwa um Mitternacht in Athen. Da läßt sich locker noch ein Zwischenstopp in der Bucht hinter Cap Sounion einlegen, falls die Crew zum Abschluß des Törns vom berühmten Poseidontempel aus den Sonnenuntergang bewundern will.

Wenn man so einen Stützpunkt wie Korissa wiederholt anläuft, wird man dort bald wie ein alter Bekannter empfangen. Ich pflege diese Bekanntschaften auch, indem ich meine Leute immer in dasselbe Restaurant zum letzten Abendmahl führe. Der Wirt freut sich

über das Geschäft, ich freue mich über sein Wohlwollen, und die Crew freut sich über den VIP-Service, den sie geboten bekommt.

Wenn so einem letzten Abend noch eine besondere Überraschung folgt, dann kann ich sicher sein, daß die Crew im nächsten Urlaub wieder bei mir anheuert.

Einmal lagen wir römisch-katholisch an der Mole in Korissa, direkt vor unserem Restaurant, bereit zum Auslaufen. Gerade als wir uns anschickten, die Passarella hochzuziehen, stand plötzlich der Wirt an Deck, um sich mit einem Gratisdrink von uns zu verabschieden. Jeder nannte seine Wünsche, und wenige Minuten später wurden die Drinks samt Eiswürfel und Firlefanz vom Chef persönlich an Bord serviert.

Für diese noble Geste wurde der Wirt in den höchsten Tönen gelobt, und ein kleiner Sonnenstrahl fiel auch auf mich, weil ich diesen Platz empfohlen hatte. Gutgelaunt segelten wir wieder einmal dem Ende eines Törns entgegen.

Was die Mannschaft nie erfuhr: Die Idee für den Abschiedsdrink stammte von mir. Die ganze Show war inszeniert und mit dem Wirt abgesprochen. Einer plötzlichen Eingebung folgend, hatte ich mit ihm vereinbart, er solle auf das besonders laute Kommando: „Okay, let's go!" mit Hangerl und Notizblock an Bord kommen und so tun, als würde er die Drinks spendieren. Ich bezahlte die Erfrischungen, als ich ihm die leeren Gläser zurückbrachte.

Die Vorstellung hat aber nicht nur meiner Crew gefallen, auch der Wirt selbst war begeistert. Er griff die Idee auf und verabschiedet seither alle Crews, die eine entsprechende Zeche bei ihm machen, auf diese Weise.

Alles in allem habe ich bis jetzt mit meinen Crews Glück gehabt. Ich habe mir zwar in den letzten Jahren ein gewisses Stammpublikum herangezogen, dennoch kommen immer wieder neue Leute an Bord, die ich vorher noch nie gesehen habe. Mit allen bin ich bis jetzt gut ausgekommen – bis auf einen. Bei dem ist es mir wirklich schwergefallen.

Ich kannte Bernhard nur von der Beschreibung, die mir seine Freunde bei der Törnbesprechung von ihm gaben. Bernhard selbst fehlte dort. „Er schaut aus, als ob er gerade aus dem Urwald gekommen wäre", lautete die wenig schmeichelhafte Beschreibung, die MS von ihm gab.

„Ja", pflichtete ihm BV bei. „Als wäre er der erste in seiner Familie, der den aufrechten Gang schafft. Aber sonst ist er ganz nett."

„Nett?" tat MZ entrüstet. „Er ist ein hairy monster!"

„Hairy ist gut", lachte MS. „Jedesmal, wenn er sich das T-Shirt auszieht, erklingt die Kennmelodie von ALF. Und deshalb heißt er bei uns auch so: Alf."

Das war immerhin ein Name. Sonst sprachen sich nämlich die Freunde untereinander nur mit ihren Initialen an, ohne Punkt

dazwischen. Und was für mich am verwirrendsten war: Es waren gleich zwei MS dabei. Ich brauchte bis zum Ende des Törns, um MS 1 und MS 2 auseinanderzuhalten.

Als ich Alf dann an der Mole in Rijeka sah, erkannte ich ihn sofort. Er war wirklich „hairy“. Das schwarze Gestrüpp auf seinem Kopf ging nahtlos in einen ebenso schwarzen und krausen Bart über; aus dem Brustausschnitt des Poloshirts quoll schwarze Wolle, und seine Arme machten den Eindruck, als wären sie in ein schwarzes Katzenfell eingenäht. Die gedrungene Figur mit den breiten Schultern unterstrich das Alf-Bild noch.

Aber Miesmachen gilt bei mir nicht, auch wenn es als Scherz im Freundeskreis geschieht. Ja, Bernhard gewann sogar meine Sympathie, als er mich bei der Begrüßung mit einem nur von wenigen Haaren verdeckten Lächeln aufforderte: „Sag' ruhig Alf zu mir wie die anderen."

Auch als er mich vor dem Ablegen vertraulich zur Seite nahm und mir erklärte: „Ich hoffe, es macht keine Schwierigkeiten, daß ich Vegetarier bin", dachte ich mir noch nichts dabei. Ich hatte schon einmal eine ganze Vegetariercrew an Bord gehabt. Seit der Zeit habe ich eine eigene Karteikarte mit fleischlosen Gerichten in meiner Rezeptsammlung.

Weil sich der Crewwechsel etwas verzögert hatte, entfiel an diesem Tag das Mittagessen. Deshalb richtete ich nachmittags für alle ein paar Schiffsbrote her. Das sind an und für sich gewöhnliche belegte Brote, allerdings werden die einzelnen Lagen mit Butter, Käse, Senf, Ketchup oder Mayonnaise aneinandergeklebt, so daß sie vom Wind nicht davongetragen werden können. DB (weiblich) ging mir dabei zur Hand.

Als ich für Alf eigene Brote vorbereiten wollte, lachte sie mich aus: „Der und Vegetarier? Das ist mir neu."

„Aber er hat's mir gesagt."

„Und du glaubst ihm?"

„Ja, warum denn nicht? Es ist doch nichts dabei."

„Ich kann mir Alf einfach nicht als Vegetarier vorstellen. Der ist doch das gierigste Wesen . . ."

„Egal. Selbst wenn es nur eine Urlaubslaune ist, werde ich sie berücksichtigen."

DB zuckte mit den Schultern. Aber sie half mir, für Alf vegetarische Brote herzurichten: mit Käse, Gurken, Tomaten, Paprika.

Alf bedankte sich auch überschwenglich dafür, deshalb ließ ich die Sache auf sich beruhen. Wenn er schon den Spott seiner Freunde erntete, sollte er von mir zumindest Brote und Unterstützung bekommen.

Am nächsten Tag in Mali Losinj wollte ich für die Crew Rindsschnitzel kaufen, doch am Weg zum Fleischhauer fing mich Alf ab. Kein Rindfleisch für ihn.

Ich beruhigte ihn: „Mach' dir keine Sorgen. Du kriegst was anderes."

„Darf ich mir selber was besorgen?"

„Na klar. Kauf' dir, worauf du Lust hast."

An und für sich mache ich das nicht gern. Einkaufen sollte meiner Erfahrung nach immer nur einer, und zwar der Koch. Wenn einzelne Crewmitglieder gleichzeitig ausschwärmen, gibt es nur Ärger. Entweder kauft jeder nur für sich allein und stellt den Smutje damit vor ein unlösbares Problem, oder – was noch schlimmer ist – jeder kauft für alle. Ich weiß, wovon ich spreche. Einmal stand ich in einem Berg dreifarbiger italienischer Teigwaren, die es offenbar in allen Geschäften der Stadt im Sonderangebot gegeben hatte. Aber keiner der Einkäufer hatte an die Zutaten gedacht, mit denen ich die bunten Spiralen in eine köstliche Pasta hätte verwandeln können. Ein anderes Mal schleppte jeder kiloweise Obst an, weil es auf dem Markt gerade so billig gewesen war. Die überreifen Früchte verfaulten dann im südlich warmen Klima schneller, als ich sie ins Meer schmeißen konnte.

Trotz meiner Bedenken machte ich bei Alf eine Ausnahme. Ich versorgte ihn reichlich mit Dinar aus der Bordkasse und war froh, das Problem vom Hals zu haben.

Alf kehrte mit einem winzigen Päckchen zurück.

„Ist das alles?" fragte ich erstaunt.

„Ja", bekannte er freimütig. „Eigentlich wollte ich mir ein paar Lammkoteletts besorgen, aber wie ich das Vieh da hängen sah, so tot und blutig, hat mir gegraust. Deshalb habe ich mir eine Mozarella gekauft."

Jetzt wurde ich stutzig. Lammkoteletts und Vegetarier? Das paßte doch nicht zusammen.

Oder gab es da eine fleischfressende Sektion?

Ich verfolgte den Gedanken nicht weiter. Alf hatte seine Mozarella, ich aber mußte meine Crew versorgen. Rindsschnitzel und Nudeln standen auf der Karte.

Der Fleischhauer hatte es gut mit mir gemeint. Von den neun Fleischstücken, die er mir eingepackt hatte, waren drei so dick, daß ich mit einem Messer die Buckel abschneiden mußte. Das ergab einen guten Nachschlag. Mit Smetanas akustischer Unterstützung gediehen Schnitzel und Nudeln.

Dann ging's ans Essen.

Ich reichte Teller, Besteck und die vollen Töpfe an Deck, kümmerte mich noch um die Getränke und schnitt auch einige Scheiben Brot für die ganz Hungrigen auf.

Danach stieg ich an Deck, um selbst zu essen.

Denkste!

Der Nudeltopf war so gut wie leer, und statt eines – meines – Schnitzels schwammen nur noch Reste im Saft.

Dafür mampfte Alf, unser haariger Bordvegetarier, mit vollen Backen meine Portion samt Nachschlag.

Ich kippte mir die schäbigen Reste auf den Teller und ließ mich neben DB nieder. „Keine vegetarischen Brote mehr", raunte ich ihr zu.

Sie schaute erst zu Alf, dann auf meinen Teller. „Ich hab's dir doch gesagt."

Alf genoß von da an nicht mehr meine Sympathie. Ich briet ihm auch keine vegetarischen Extrawürste mehr, sondern behandelte ihn wie alle anderen Crewmitglieder. Ich bemühte mich sogar, nicht ungerecht zu ihm zu sein, obwohl er sich als Nervensäge entpuppte. Ununterbrochen stand er bei mir in der Navigationsecke und suchte die Seekarte nach möglichen Ankerplätzen oder reizvollen Buchten ab. Doch wir hatten gar nicht vor zu ankern. Außerdem war Alf im Kartenlesen unbeleckt und unkritisch. Ich mußte ihm mit wachsender Ungeduld erklären, daß sich weder sechzig noch eineinhalb Meter Wassertiefe zum Ankern eignen und daß wir außerdem gar nicht vorhätten, irgendwo Halt zu machen. Störrisch wie ein Kind kam er mit immer neuen Vorschlägen.

Kaum war dieses Kapitel abgeschlossen, begann er, an der Segelstellung herumzuwerken. Nicht daß er etwas davon verstanden hätte, aber er tat es einfach. Geduldig versuchte ich ihm zu erklären, warum die Segel gerade so und nicht anders stehen mußten, wie sie zusammenwirkten und warum es nicht egal war, wo die Holepunkte für die Genuaschot fixiert wurden. Alf zupfte weiter völlig unsinnig an allen Leinen und machte die ganze Crew nervös.

Schluß damit war erst, als ihm bei einem irrwitzigen Manöver die Genuaschot durch die Hand rauschte.

Eine Weile war Ruhe, dann entdeckte Alf ein neues Gebiet: die Pantry. In regelmäßigen Intervallen verschwand er unter Deck und stöberte die verschiedenen Schapps durch.

„Brauchst du was oder suchst du was?“ fragte ich ihn direkt. Er verneinte.

„Du weißt, du kannst dir immer etwas zu essen oder zu trinken nehmen ohne zu fragen“, erinnerte ich ihn. „Wir haben das stets so gehalten. Keiner wird nachzählen, ob du ein Brot mehr gegessen oder ein Bier mehr getrunken hast.“

Alf nickte zwar, aber da ich nicht sicher war, ob er mich wirklich verstanden hatte, fügte ich noch eine Erklärung hinzu: „Ich weiß, es gibt Schiffe, da muß man für jedes Bier ein Stricherl und für jede Cola ein Kreuzerl auf einer Liste machen. Aber ich mag das nicht. Es führt doch nur zu Streitigkeiten, weil jeder glaubt, der andere hätte vergessen, sein Kreuzerl oder Stricherl zu machen. Dabei geht es doch um nichts. Was der eine mehr trinkt, ißt der andere mehr. Und wegen drei Bier will ich keinen Streit an Bord. Also nimm dir, was du willst, oder stopf' dir den Bauch voll, es wird dir niemand einen Vorwurf machen.“

„Aber ich brauche ja gar nichts“, sagte Alf trotzig. „Ich wollte mich nur mal umsehen.“

Am späten Nachmittag döste ich an Deck in der Sonne. Ich nenne es „die Segelstellung kontrollieren“, wenn ich mich an Deck ausstrecke, um ein wenig von dem Schlaf nachzuholen, der mir in der Nacht entgeht. Ich war gerade eingenickt, als sich Alf neben mir niederließ und mir im Verschwörerton zuraunte: „Paul, wir müssen unbedingt den nächsten Hafen anlaufen!“

„Was?“ Meinen Schönheitsschlaf konnte ich wieder einmal vergessen.

„Wir müssen anlegen“, wiederholte Alf noch eindringlicher.

„Warum denn?“

„Weil wir keinen Rotwein mehr haben.“

„*Was?*“ Ich traute meinen Ohren nicht, aber Alf blieb ganz ruhig und wiederholte: „Wir haben keinen Rotwein mehr.“

Ich setzte mich auf. „Alf..." Ich bemühte mich, ruhig zu sprechen. „Alf, nur wegen ein paar Flaschen Rotwein lege ich nicht extra an. Erstens glaube ich, daß noch Rotwein da ist, zweitens haben wir jede Menge Weißwein, Schnaps und Bier an Bord, so daß wir uns alle bis zur Unkenntlichkeit besaufen können. Du tust ja gerade, als ob wir verdursten müßten. Nicht einmal diese Gefahr besteht, denn unser Vorrat an Mineralwasser reicht mehrere Tage. Also hör' auf mit dem Unsinn. Wir segeln ohne Rotwein weiter."

„Ich wollte ja auch nur sagen, daß keiner mehr da ist", beharrte er und zog sich schmollend aufs Achterdeck zurück, wo er neben GS und KW (beide weiblich) sein Handtuch ausbreitete.

Ich sank wieder zurück und schloß die Augen, um weiterzuschlafen, doch Alf und der Rotwein gingen mir nicht aus dem Kopf. Ich kannte doch unsere Vorräte und wußte, daß noch ein paar Flaschen da sein mußten. Oder hatte die jemand inzwischen . . .?

Ich beendete die „Segelkontrolle" und ging unter Deck. Dort brauchte ich nicht lange zu suchen. Im Barschapp, wo wir immer den Wein stauten, standen drei Flaschen Peljesac, rot wie Stierblut.

Ich nahm eine heraus, entkorkte sie, schlang ihr eine gefaltete Papierserviette als Tropfenschürze um, fischte mir drei Gläser aus dem Schapp und stellte alles auf einem Serviertablett zusammen. Mit einem Geschirrtuch über dem Unterarm balancierte ich mit der Routine eines pensionsberechtigten Oberkellners die heikle Bestellung zum Achterdeck und setzte das Serviertablett neben den drei Sonnenanbetern ab.

„Alf, hier habe ich eine Flasche Rotwein für dich", flötete ich in der Meinung, ihm damit eine Freude zu bereiten.

Aber Alf drehte fast durch. „Rotwein – für mich? Wieso für mich? Ich trinke doch gar keinen Rotwein!" kreischte er wie Rumpelstilzchen, ehe es sich mitten entzwei riß.

Da hätte ich ihn umbringen können.

Wenn du dem Mond nachfährst, gehst du unter

Der Selbstzweifler-Test – Fluchtstart aus Mali Losinj – Das Sklavenschiff – Wer scherzt, hat noch Reserven – Eine Position vom Christkind – Ein Eskimo beim Neujahrsfest

Navigatoren sind wie Konservendosen: unentbehrlich. Auch wenn ich mit meinem Charterschiff mehr oder weniger immer die gleichen Runden drehe, komme ich ohne Navigator (und ohne Konservendosen) nicht aus. Neben dem Skipper fristet der Navi zwar oft ein so unbedanktes Leben wie die Konservendose neben dem Frischfleisch, aber wenn es hart auf hart geht, habe ich beide ganz gern an Bord.

Navigatoren soll man wie Konserven nicht nach dem Etikett beurteilen. Ein Segelschein besagt so viel oder so wenig wie das bunte Bild auf der Dose. Was der Navi drauf und was die Dose drin hat, sieht man erst, wenn beide gebraucht werden.

Ich erwarte ja gar nicht, in einer Crew von Hobbyseglern einen Profinavigator zu finden. Sextanten-Cowboys, die den Großen Bären aus der Hüfte schießen, sind so selten wie eine Yacht, auf der es nichts zu reparieren gibt. Aber mehr als Grundkenntnisse in der „Bäcker-Navigation" (man geht zum Bäcker, kauft Brot und liest vom Sackerl den Namen des Ortes ab, in dem man sich gerade befindet), setze ich schon voraus. Die Ausrede, daß auch Kolumbus nicht immer wußte, wo er sich befand, lasse ich erst gelten, wenn der Navi ein neues Amerika entdeckt.

Bei den meisten Segeltörns hat der Navigator leichtes Spiel. Vorgänger ohne Zahl haben in den Karten so tiefe Spuren hinterlassen, daß der Neue nur die Gravuren nachziehen muß. Jeder andere Kurs kommt da einer Entgleisung gleich.

Ob der Navi wirklich etwas drauf hat, läßt sich daher bei solchen Badefahrten kaum feststellen. Man muß aber auch nicht gleich nach Amerika segeln, um dem Kartenspieler auf den Zahn zu fühlen. Ich wende zum Beispiel den sogenannten Selbstzweifler-Test an, den ich einmal einem Prüfer des österreichischen Segelverbandes abgeschaut habe.

Der Prüfer stellte einem Kandidaten eine kindisch leichte Aufgabe, etwa in der Art: „Rechne aus, bei welchem Loggestand wir wenden müssen, damit wir mit einem Schlag Pula erreichen." Als der Kandidat mit dem Ergebnis angesprungen kam, sah ihn der Prüfer zweifelnd an und fragte: „Bist du sicher?"

„Springt der Navi-Aspirant jetzt sofort zurück zur Karte, dann hat er den Test nicht bestanden", erklärte mir der Prüfer sein System. „Bei solchen Leuten mußt du immer auf der Hut sein. Ein guter Navigator darf sich durch eine so einfache Frage nicht ins Bockshorn jagen lassen. Er muß seiner Sache sicher sein."

Ich gehe bei diesem Blitztest noch weiter: Ein wirklich guter Navigator muß sein Handwerk zwar sicher beherrschen, aber ich erwarte von ihm, daß er aufgrund meiner Zweifel *heimlich* seine Rechenspiele noch einmal überprüft.

Ihr navigatorisches Rüstzeug erhalten die meisten Hobbysegler in theoretischen Kursen und bei sogenannten Ausbildungstörns auf Yachten, die sich von einer Galeere nur dadurch unterscheiden, daß die Sträflinge zum Dienst verurteilt wurden, während die Segler noch dafür bezahlen, in einer Koje schlafen zu dürfen, in der man nicht einmal die Zehen aufstellen kann. Das Regiment, das ein Skipper auf solchen Yachten führt, hätte auf jedem Sklavenschiff binnen Wochenfrist zur Meuterei geführt.

Ich erinnere mich selbst noch an das Vergnügen – Freud würde es masochistisch nennen –, das es mir bereitet hat, diese Törns von A bis Z mitzumachen, vielleicht weil Bruno, unser Skipper, es so gut verstand, uns Sklavendienste als Vergnügen zu verkaufen.

Mein erster Törn auf seinem Schiff, einer Comet 383, wird mir ewig in Erinnerung bleiben. Schon beim ersten Schlag von San Giorgio nach Pula standen nämlich um zwei Uhr früh plötzlich zwei

Beamte der jugoslawischen Küstenwache an Bord. Der Grund: Wir hatten im Nebel vor der Insel Brioni, die damals noch Sperrgebiet war, beigedreht. Der Skipper und ich waren uns nämlich über den Standort nicht einig gewesen. Er pochte auf seine Revierkenntnisse, ich auf meine Navigationsunterlagen. Da es aber das erste Mal war, daß ich praktisch anzuwenden versuchte, was man mir in Theoriekursen beigebracht hatte, hegte der Skipper Zweifel. (Ich hegte sie auch, ließ es mir aber nicht anmerken.)

Während wir noch über der Karte unsere Standpunkte erörterten, kam die Milizia an Bord, um sich nach dem Grund unseres Stopps zu erkundigen.

An und für sich eine harmlose Sache, aber nicht für mich. Denn als die zwei sich zum Gehen wandten, drehte sich der Kommandant noch einmal um, stach mit seinem Zeigefinger auf die Seekarte und erklärte in bestem Deutsch: „Sie sind hier."

„Hier" war gut und schlecht für mich. „Hier" war zwar da, wo mein navigatorisch ermittelter Standort lag, aber er lag nicht dort, wo der Skipper hingetippt hatte.

Bruno apostrophierte mich von da an zwar mit dem Beiwort Navigator, drückte mich aber damit noch fester auf die Galeerenbank. Kielholen ist zwar schon abgeschafft, aber es empfiehlt sich auch heute noch nicht, etwas besser zu wissen als der Skipper.

In Mali Losinj, das wir am nächsten Tag erreichten, war uns nur eine kurze Verschnaufpause gegönnt. Kaum hatten wir bei ablandigem Wind über Buganker festgemacht, als der Wind vor einer Gewitterfront drehte und mit heftigen Böen durch die Hafenbucht fetzte.

Unser Anker hielt, aber die beiden Nachbaryachten gingen auf Drift und legten sich schwer auf unsere Comet. Bruno kommandierte: „Fluchtstart!", die Leinen flogen, und schon waren wir wieder unterwegs. Drei Kabellängen weiter platschte der Anker erneut ins Wasser. Mit viel Platz zum Schwojen lagen wir mitten in der Bucht.

Draußen tobte das Gewitter, drinnen war es wohlig warm und trocken, aber wir durften nicht unten bleiben. Der heftige Regen animierte Bruno, uns zum Deckschrubben hinaus zu schicken: „Damit endlich das Salz von den Planken gewaschen wird." Erst danach durften auch wir unter Deck. Ich hatte für alle Verständnis, die anschließend in die Koje krochen. Aber warum wurde gerade ich zur Ankerwache eingeteilt?

Ich habe an diesem faden Nachmittag eine innige Bekanntschaft gemacht: Alle acht bis zehn Minuten tauchte vor der Backbordluke INA auf, meine Freundin INA, wie ich sie liebevoll nannte, die Leuchtschrift einer Tankstelle. Stehende Peilung. Der Anker hielt.

Abends war der Spuk vorüber, wir kehrten an die Mole zurück und wurden von der Galeerenbank losgekettet. Den Hafturlaub nützten wir, um essen zu gehen und die Bekanntschaft weiblicher Sträflinge zu machen, die von der italienischen Galeere neben uns ausgerissen waren.

Obwohl unser aller Italienisch nicht ausreichte, um jemanden nach dem Weg oder der Uhrzeit zu fragen, dehnten wir den gemeinsamen Hafturlaub bis knapp vor Mitternacht aus. Schließlich hatte unser Skipper die italienische Crew zum Frühstück auf unser Schiff eingeladen, was nichts anderes heißen konnte, als daß uns eine erholsame Bauernnacht im Hafen bevorstand.

Aber unser Sklaventreiber überlegte es sich anders. Warum er das Frühstücksrendevouz nicht einhielt, haben wir nie erfahren. Wir hatten Kaffee, Tee, Speck, Brot und Eier und sogar Müsli in ausreichenden Mengen an Bord und brauchten uns auch für den Koch nicht zu genieren. Es gab also keinen Grund für einen zweiten Fluchtstart. Aber genau das passierte.

Ich war gerade dabei, meine Beine in den Schlafsack zu stecken, als Brunos markige Stimme im Kommandoton durch das Schiff dröhnte: „Alle Mann an Deck! Klar zum Ablegen!"

„Sklavenschiff!" tönte es fast ebenso laut zurück.

„Das verstößt gegen die Genfer Konvention", kam eine andere Stimme aus dem Vorschiff. „Auch Gefangene haben ein Recht auf Nachtruhe."

Ich riß verärgert die Kabinentür auf. „Bruno, ist das ein Scherz?"

„Nix da", vertrieb mir der Skipper alle Hoffnungen. „Wir segeln. Nachtfahrt. Der Wind ist günstig. Du brauchst nicht an Deck zu kommen. Setz' lieber schon einen Kurs nach Silba und weiter nach Dugi Otok ab. Du machst die Navigation."

„Und dafür muß man noch bezahlen“, brummte ich, während ich mich fröstelnd hinter den Navi-Tisch klemmte und mit zittrigen Fingern begann, die Leuchtfeuer aus dem Verzeichnis heraus zu schreiben.

Unser Sklaventreiber fühlte sich sichtlich wohl in seiner Rolle. Er hatte am Nachmittag lang und gut geschlafen, deshalb saß er die ganze Nacht an Deck, ließ sich erst Tee und später Suppe servieren, paffte dazwischen seine kurzen Zigarillos und gönnte uns keine Minute Ruhe. Reff einbinden, wieder ausreffen, Vorsegelwechsel, neuer Kurs, Wende, Halse, so ging es die ganze Nacht. Dazu schwang der Sklaventreiber verbal die neunschwänzige Katze: „Das Reffen muß schneller gehen!“ - „Die Halse bitte zügiger!“ - „Wo bleibt der Bullenstander?“ - „Warum werden die Leinen nicht gleich aufgeschossen?“ Captain Bligh hielt uns auf Trab.

Und er kontrollierte alles. Jeden Knoten, jeden Klampenschlag, den Sitz unserer Sicherheitsgurte und die verrückte Linie, die sich dank seiner ständigen Kursänderungen über die Karte zog. Auch den Rudergänger nahm er sich vor. Aber je mehr er ihn ermahnte, besser Kurs zu halten, um so stärker begann Günther zu geigen.

„Du darfst nicht ständig auf den Kompaß starren“, versuchte ihm Bruno schließlich mit einem Tip zu helfen. „Es ist besser, wenn du dir recht voraus einen markanten Stern zwischen die Wanten klemmst und darauf zufährst.“

„Aber wenn du dem Mond nachfährst, gehst du unter“, ließ sich eine andere Stimme aus dem Dunkeln vernehmen, ein Einwand, den auch Captain Bligh mit einem Lacher quittierte. Aber er fühlte sich auch zu dem Hinweis bemüßigt: „Ich freue mich, daß ihr noch zu Scherzen aufgelegt seid. Das ist für mich das beste Zeichen, daß ihr noch Reserven habt.“

Die Reserven haben wir alle gebraucht.

Als wir vor Silba ankamen, war es noch dunkel. Zudem war Nebel eingefallen, so daß wir die schmale Mole einfach nicht finden konnten. Dabei sollte sie befeuert sein. So tasteten wir uns langsam Richtung Küste, bis wir plötzlich einen Lichtschimmer wahrnahmen. „Da! Das muß es sein!“ Als der Nebel ein bißchen aufriß, sahen wir es deutlicher: Das Licht war eine Laterne, die von einem

Mann Richtung Molenkopf getragen wurde. Das Festfeuer dort war offensichtlich ausgefallen.

„Toller Service“, wunderten wir uns. „Daß eigens wegen uns . . .“

„Nicht wegen uns, sondern wegen dem da“, unterbrach uns Bruno und deutete nach achtern. Unsere Köpfe flogen herum. Vom Nebel verschleiert, aber doch schon deutlich sichtbar, steuerte eine riesige Fähre die Mole an. Und uns.

Wir flohen schleunigst aus ihrem Drehkreis.

Unsere stille Hoffnung, daß die Laterne am Molenkopf so lange brennen würde, bis auch wir angelegt hatten, erfüllte sich nicht. Kaum hatte die Fähre ihre Ladeklappe hochgezogen, löschte der Lampenwärter seine Funzel und ließ uns in der Nebelsuppe sitzen.

Um sechs Uhr machten wir fest, um acht Uhr holte uns heftiger Wellenschlag schon wieder aus den Kojen. Der Yugo, der den Nebel vorausgeschickt hatte, war da. Also auf zum dritten Fluchtstart! Wir machten uns fast das Ölzeug von innen naß, als Bruno laut die Windgeschwindigkeiten ablas: Mit 45, 50 und einmal mit 65 Knoten rasten die Böen heran. Wir hatten unseren ersten Sturm.

Für den Sklaventreiber war das jedoch kein Grund, das Ausbildungsprogramm zu unterbrechen, im Gegenteil. Er nützte die Situation aus, um uns mit einem ganz gemeinen Trick hereinzulegen.

Übermüdet wie wir waren und dazu etwas verschreckt, verkam der gesteuerte Kurs zu einer Schlangenlinie, wie man sie so nur bei einer Bergstraße findet. Das gaben wir natürlich nicht zu. Wann immer uns Bruno mit seiner Frage: „Welcher Kurs liegt an?“ überraschte, gaben wir brav die geforderten 180 Grad zur Antwort, obwohl wir oft weit daneben lagen.

Anfangs fiel uns auf, daß Bruno immer dann fragte, wenn wir gerade weit vom Kurs abgekommen waren. Später verblüffte er uns sogar mit exakten Gradangaben. Er wußte genau, obwohl er gar nicht an Deck war, um wie viele Grad nach Backbord oder Steuerbord wir die Kurslinie verlassen hatten. Wir trauten unserem Skipper alles zu, aber Hellsehen . . .

Natürlich fragten wir ihn danach.

„Das mach’ ich mit der Sonne“, log er, ohne rot zu werden.

„Wenn der Lichtfleck von der Luke über den Salontisch wandert, sehe ich gleich, wie weit ihr danebenliegt."

Bruno besaß ungeheuer viel Erfahrung, das wußten wir, aber daß die Geschichte mit dem Lichtfleck Seglerlatein war, erkannten sogar wir. So was konnte vielleicht seinerzeit Odysseus seiner Penelope erzählen, um ihr klar zu machen, warum er so lange auf Segeltörn gewesen war, aber heutzutage durfte man das nicht einmal einer Anfängercrew zumuten. Aber wie machte es Bruno wirklich?

Er ließ sich sein Geheimnis abkaufen, mit einer Flasche guten Versöhnungswein, die wir nach der Sturmfahrt in einem ruhigen Beisl in Bozawa spendierten. Er benützte einen kleinen Peilkompaß. Den brauchte er nur an die Schlingerleiste in der Pantry zu halten, die parallel zur Mitschiffslinie lag. So konnte er uns jederzeit mit exakten Kursangaben verblüffen.

Heute haben es Sklaventreiber und Navigatoren, egal ob Anfänger oder Profis, viel leichter. Die Technik drückt ihnen Instrumente in die Hand, von denen sie buchstäblich auf den Zentimeter genau ablesen können, wo sie sich gerade befinden - auch weit draußen, mitten auf dem Meer, wo man sich sonst nur noch an Sonne, Mond und Sternen orientieren kann. Um so ein Gerät bedienen zu können, braucht man keinen Theoriekurs in Astronavigation, keine Praxis im Umgang mit dem Sextanten, es genügt, den richtigen Knopf zu drücken, und schon spuckt das Teufelszeug elektronisch Länge und Breite auf Grad, Minuten und Sekunden genau aus. Das ist Navigation aus der Konservendose.

Wird der gute Navi mit all seinen menschlichen Unzulänglichkeiten dadurch überflüssig?

Wir sind schon einmal von Ancona bis Bari gesegelt, ohne daß wir den richtigen Knopf gefunden hätten; oder besser gesagt, ohne daß wir die Gebrauchsanweisung richtig verstanden hätten. Nicht daß wir auf das vertrackte Ding angewiesen gewesen wären, aber wir hatten es nun einmal an Bord und wollten ihm zu unserer Bequemlichkeit sein richtungsweisendes Wissen entlocken. Zwei Mann, beide technisch durchaus versiert, versuchten abwechselnd, den Sinn des Kapitels „Inbetriebnahme" zu begreifen. Aber obwohl die Gebrauchsanweisung angeblich „auch für den Laien verständlich“ abgefaßt war und das ganze Gerät als benutzerfreundlich galt, brauchten die beiden zwei volle Tage, um dem elektronischen Navigator den ersten Pieps abzuringen. Entweder hatten die beiden nicht den richtigen Dreh oder das Gerät nicht den richtigen Satelliten gefunden.

Wir waren zwei Tage vor Weihnachten von Ancona ausgelaufen, um eine Bavaria 44 in die Türkei zu überführen. Den Satellitenempfänger brachten wir mit. Daß an Bord bereits ein Loran-Navigationsgerät war, nahmen wir als Weihnachtsüberraschung. Jetzt konnten wir die zwei gegeneinander ausspielen, konnten die Werte des einen vom anderen Gerät überprüfen lassen.

Aber noch funktionierte „Mary“, wie wir die Navigationshilfe liebevoll nannten, nicht.

Als wir am Heiligen Abend um drei Uhr morgens vor Bari standen, wäre uns allerdings ein einziges Radargerät lieber gewesen. Denn da huschte dauernd ein schwarzer Schatten übers Meer, bald vor unserem Bug, bald an unserer Steuerbordseite: ein Schiff ohne jedes Positionslicht, ohne jede Beleuchtung, und nur zu erkennen, wenn es sich vom schwachen Lichtschimmer der Stadt abhob.

Dann plötzlich ein Licht – das Christkind? – nein, ein Suchscheinwerfer, der unser Boot abtastete und schließlich an unserer rot-weiß-roten Nationalflagge hängenblieb. Die Küstenwache konnte wahrscheinlich nicht verstehen, was Österreicher am Heiligen Abend in der Adria zu suchen haben. Sie lag wohl wegen albanischer Flüchtlinge auf der Lauer.

Wir hielten uns in Bari nur kurz auf, um Diesel zu bunkern und einige Vorräte zu ergänzen; noch am Nachmittag des Heiligen Abends liefen wir wieder aus. Und dann kam wirklich das Christkind, direkt vom Himmel. Der Satellit lieferte uns plötzlich Positionen, richtige Positionen.

„Das ist ja, wie wenn Kinder eine elektrische Eisenbahn bekommen. Jetzt habe ich endlich was zu spielen“, freute sich Max, unser Bordelektroniker, und drückte vergnügt auf den Tasten herum: Position, Durchschnittsspeed, Kurs, Fehler des Rudergängers . . .

Deckshand Toni, Segelneuling und Salzburger Radikalinski – „Ich hab' mich scheiden lassen, bin zu Hause ausgezogen, hab' meinem Chef das Götzzitat gesagt, mein Bankkonto aufgelöst, hab' mein Auto verkauft, jetzt lern' ich segeln, und dann verschwind' ich in die Südsee", so stellte er sich mir vor –, dieser Toni sah sich die elektronische Spielerei eine Weile interessiert an, dann deutete er auf den piepsenden Kasten und meinte zu Max: „Kannst du die Mary vielleicht fragen, was es bei mir daheim heut' zu essen gibt? Tannerbichl 11 ist die Adresse."

Darauf Max ganz ernst: „Dazu mußt du ihr erst die Koordinaten geben."

Toni: „Wenn sie sich die nicht selbst heraussuchen kann . . ."

Da die „Mary" plötzlich funktionierte, wurde der Abkürzungssalat in den Seekarten um ein weiteres Kürzel bereichert. Die Kurslinie schlängelte sich in der Folge vom WO, dem durch Handpeilung ermittelten „wahren (Stand)ort", zum GO, dem „gegißten" (vermuteten) Ort, sprang weiter zum OL, dem Standort, den uns das Loran-Gerät „Lizzy" lieferte, oder bog zum O-Mary (abgekürzt OM) ab, „Marys" Satellitenperspektive. Und nicht selten kam es vor, daß gleich drei Eintragungen dicht nebeneinander die Karte zierten, aus denen sich der Navigator beim Wachwechsel dann eine aussuchen konnte.

(Daß der Motor „Nelly" genannt wurde, trug zur weiteren Verwirrung bei, obwohl Eintragungen, den Motor betreffend, nicht in der Karte vorgenommen werden.)

Navigationshilfen sind gut, meist verläßlich und rund um die Uhr im Einsatz. Sie rechnen schneller als jeder noch so versierte Profinavigator, sie machen beim Rechnen keinen Fehler, werden nie müde, nie seekrank und sind auch nie betrunken. Super!

Aber einen guten Navigator können sie nicht ersetzen. Denn „Mary", „Lizzy" oder wie sie auch heißt, ist blind. Egal wie hoch der Satellit am Himmel steht, das Riff, auf das wir gerade zufahren, sieht er nicht. Er liefert Koordinaten, Wegpunkte, Standorte, aber er weiß nicht, ob ich mit einem Auto, einem Schlauchboot oder mit einer großen Segelyacht von zweieinhalb Meter Tiefgang unterwegs bin.

Das sind aber nur die kleinen Nachteile, sozusagen die technischen. Die anderen wiegen viel schwerer.

„Mary" kann ich nicht um ein Bier schicken. Wenn ich meinen Navigator darum bitte, bringt er es nicht nur, sondern trinkt meist sogar eines mit.

„Lizzy" erzählt mir keinen Witz, nicht einmal einen anständigen.

Der Satellitenempfänger kann mich am Ruder nicht ablösen, wenn ich gerade muß. Mein Navigator tut es sogar, wenn ich gerade nicht will.

Mit dem Lorangerät kann ich mich nicht streiten. Das funkelt mir seine Daten zu, verweigert mir vielleicht sogar den Dienst, aber Antworten auf noch so einfache Fragen bleibt es mir schuldig, trotz aller Elektronik.

Und wenn es einmal drunter und drüber geht, wenn der Wind um den Mast orgelt und der Salzwasserstand in den Seestiefeln beängstigend steigt, dann können mir alle Knopfnavigatoren zusammen nicht die geringste moralische Stütze bieten. Ehrlich – bin ich da mit einem zweibeinigen, menschlichen Navi nicht besser dran?

Bei jenem Weihnachtstörn, von dem ich gerade berichtete habe, mußte ich nicht nur ein navigatorisches, sondern sogar ein schwieriges gesellschaftliches Problem lösen; damit wäre Georg, der wieder als Skipper fungierte, auch mit Satellitenunterstützung nie fertiggeworden.

Dieses Problem war am frühen Morgen im Büro des Hafenkapitäns von Korinth aufgetaucht. Georg hatte mich gebeten, ihn dorthin zu begleiten, da wir uns nach Einzelheiten der Kanaldurchfahrt erkundigen wollten. Das Englisch dieser Beamten ist ja nicht immer so, daß man es auch als Englisch erkennt. Vier Ohren können da oft mehr heraushören. Was wir aber zunächst hörten, war nicht Englisch, sondern Griechisch und nicht für unsere Ohren bestimmt. Doch weghören konnten wir auch nicht. Der Mann mit den vielen Streifen am Ärmel stritt mit einem Frachterkapitän in einer Lautstärke, mit der beide locker jedes Nebelhorn übertönt hätten.

Wir verkrochen uns auf den letzten Sessel und sahen uns die

Auseinandersetzung an. „Sehen“ ist der richtige Ausdruck, denn jedes Wort der beiden wurde von heftigen Gesten und Grimassen unterstrichen, Papiere wurden auf den Schreibtisch geknallt und wieder zurückgerissen. Zweimal tat der Frachterkapitän, als wolle er das Büro verlassen, kehrte aber, nachdem er einige Sätze durch den Türspalt geschleudert hatte, wieder zurück. Worum es bei dem Streit ging, war nicht zu erkennen.

Dann aber passierte etwas Überraschendes: Ohne seinen Wortschwall zu unterbrechen oder seine Lautstärke um ein paar Dezibel zurückzunehmen, griff der Hafenkapitän unter den

Schreibtisch. Jetzt holt er seine Dienstwaffe hervor und erschießt den Frachterskipper, dachte ich. Aber statt einer Pistole kam eine Flasche Metaxa zum Vorschein, noch schön in Weihnachtspapier gewickelt. Der Kapitän füllte ohne jedes Anzeichen von Erregung vier Pappbecher aus dem Kaffeeautomat, schob uns mit einem freundlichen Lächeln zwei davon zu und einen seinem Streitpartner. Die beiden prosteten sich und uns in Zimmerlautstärke zu, kippten die Becher und brüllten weiter.

Jetzt erst ging mir ein Licht auf. Die beiden stritten sich gar nicht, die sprachen nur miteinander. Der laute Ton gehörte hier zum guten Ton. Die Gestik, das Theater mit den Papieren, das Wegrennen aus dem Büro und Wiederzurückkommen, war alles Teil einer ganz normalen Unterhaltung.

„Jiassu!" prosteten jetzt auch wir in eine Gesprächspause, dann nützte Georg den alles übertönenden Lärmpegel, um mir zuzuflüstern: „Ich kann das nicht trinken."

„Aber du kannst es auch nicht stehen lassen. Das wäre eine Beleidigung", flüsterte ich zurück.

„Ich weiß. Was tu' ich also damit?"

Ich sah mich um: kein Blumenstock, kein Schirmständer weit und breit, nichts, was den Metaxa hätte unbemerkt aufnehmen können. Daß Georg den Becher nicht austrinken konnte, war mir klar. Er war an und für sich kein großer Freund von Alkohol und kämpfte an Bord auch ohne Kater fast immer gegen die Seekrankheit an.

Es gab eigentlich nur eine Lösung für dieses gesellschaftliche Problem. Um die Etikette zu wahren, mußte ich meinem Skipper beispringen und beide Becher leeren.

„Tu' so als ob", flüsterte ich Georg zu, „dann tauschen wir."

Er schob seinen vollen Becher in meine Richtung, ich den leeren in seine. „Jiassu!" Ich kippte auch den zweiten Metaxa in mich hinein.

Endlich schnappte sich der Frachterkapitän seine Papiere und wandte sich zum Gehen. Er war schon fast draußen, als ihn der Hafenkapitän noch einmal zurückrief. „Komm, trink' noch einen", forderte er ihn auf. In Griechisch natürlich, aber um das zu verstehen, brauchte man keine Sprachkenntnisse. Der Frachterskipper kehrte zurück. Der Hafenkapitän füllte die Becher. Alle vier. „Happy New Year“, wünschten uns die beiden jetzt in artigem Englisch und leerten die Becher.

Georg wandte sich mir zu, als wolle er mir zuprosten, ich nickte unmerklich und handelte mir damit an diesem frühen Morgen den vierten Kaffeebecher voll Metaxa ein.

Die Fahrt durch den Kanal von Korinth habe ich deshalb sehr lustig in Erinnerung. Auf der anderen Seite empfing uns zum Glück so mildes, ruhiges Wetter, daß meine Standfestigkeit nicht auf die Probe gestellt wurde.

48 Stunden später, zu Neujahr, mußte ich mich noch einmal für die Crew opfern. Da tat ich's aber mit Freuden. An diesem Neujahrstag zeigte sich, wie grimmig der Winter in Griechenland sein kann. Es schneite so, daß sogar die niedrigen Berge von Milos mit Schnee bedeckt waren. Die Temperatur lag knapp unter null Grad, und eine Gewitterfront nach der anderen fegte mit Sturmböen und Hagelschlag über die Ägäis. Von Hellas Radio rechtzeitig gewarnt, hatten wir uns in die geschützte Bucht von Adams, dem Haupthafen von Milos, verkrochen. An ein Auslaufen war nicht zu denken. Wahrscheinlich wegen der Berge, die uns umgaben, vielleicht auch wegen des Wetters war Hellas Radio nicht zu erreichen, und die Kapitanerie hatte wegen des Feiertags geschlossen. Wo sollten wir einen Wetterbericht hernehmen?

„Ich geh' hinüber zur Fähre“, schlug ich vor und meinte damit den riesigen Autotransporter KIMOLO, der mit offener Klappe an der Fährmole lag und ebenfalls keine Anstalten machte auszulaufen.

Angezogen wie ein alter Eskimo, der zum Sterben aufs Eis ausgesetzt wird, machte ich mich auf den Weg.

Im Innern des Schiffsriesen heulte der Wind, einige Generatoren brummten, aber sonst war alles still. Ich begegnete keiner Menschenseele, als ich höher und höher hinaufstieg. Erst ganz oben, sozusagen auf dem A-Deck, bemerkte ich Bewegung hinter den Scheiben. Ich öffnete eine Tür und stand mitten in einer Neujahrsparty, die der Kapitän für seine Mannschaft gab. Im Ölzeug und vermummt wie ich war, fiel ich sogar in dieser beschwingten Gesellschaft sofort auf. Für einen Rückzug war es zu spät.

Er wäre auch gar nicht notwendig gewesen. Ein Steward komplimentierte mich durch Tisch- und Sesselreihen bis zur Tafel des Kapitäns. Der war ein gütiger Mann. Mit seinem rundlichen Gesicht, dem gewellten grauen Haar und dem dunklen Pullover über dem weißen Hemd hätte er als Kapitän besser in ein Kirchenschiff als auf eine Autofähre gepaßt. Der Gastgeber wollte zunächst gar nicht wissen, was ich auf seinem Schiff zu suchen hatte. Er ließ mir zu seiner Rechten einen Sessel hinstellen, hieß mich eine wohlgefülltes Glas Retsina austrinken und wies den Steward an, vor mir einen Berg von Pastetchen und Spießchen, Häppchen und Würstchen aufzutürmen. Erst dann durfte ich meine Bitte um eine Wetterprognose vorbringen und Einzelheiten von unserem Boot und unserem Törn berichten.

Ich bekam mein Wetter vom Funkoffizier, aber erst nach einer Stunde. In dieser Zeit wurde ich im wahrsten Sinne des Wortes genötigt, alles zu essen, was man mir vorsetzte, und alle Gläser zu leeren, die man für mich füllte. Und es waren nicht wenige.

Vollgestopft mit allem, was gut und griechisch ist, die Hohlräume dazwischen mit Retsina ausgegossen, kehrte ich auf unsere Yacht zurück. Unter der Ölzeugjacke verborgen, schleppte ich einen weiteren Beweis griechischer Gastfreundschaft mit mir: einen großen Nylonsack voll der Dinge, die in meinem Bauch keinen Platz mehr gefunden hatten, als Gruß des Fährkapitäns an die Crew einer Segelyacht.

Am nächsten Morgen, als wir bei wieder ruhigem Wetter ausliefen, überholte uns knapp vor dem Ausgang der Bucht die KIMOLO und schickte mit einem langen „Tuuut“ noch einen Neujahrsgruß herüber. Wir antworteten mit einem Salut hinauf zur Brücke und einem Puster aus unserem Nebelhorn. Aber den hat man da oben wahrscheinlich gar nicht gehört.

Segelschein mit Eselsohren

Keksorden am Band – Sind Pistazien Schalentiere? – Ständchen für die Kriegsmarine – Old Meyers Heurigenschiff – Pfeffersteak statt Palstek – Was ETA wirklich bedeutet

Wenn die große Hektik an Bord ausbricht, wenn das allgemeine Packen anhebt und sich im Salon wie in der Plicht die Seesäcke und Reisetaschen stauen, daß man glauben könnte, ein dreißigköpfiges Forscherteam bricht zu einer dreijährigen Expedition ins Innerste Afrikas auf; wenn die bange Frage in der Luft schwebt, ob man den Flieger auch dann noch erreicht, falls man gemeinsam den wirklich allerletzten Abschiedsdrink nimmt; wenn bis dahin bärtige Gesellen sich verlegen übers frisch rasierte Gesicht streichen und die nackten Amazonen von gestern ihren nahtlos braungebrannten Körper in den neu erstandenen Minirock zwängen; wenn erst das Adressentauschen und dann das große Wangeküssen beginnt; wenn jeder hofft, ein kleines Stück vom Urlaubsglück wenigstens bis zum Flughafen mitschleppen zu können . . . Wenn also das Ende des Törns unaufhaltsam naht, dann wird es für den Charterskipper Zeit, sich zu verdrücken. Jetzt wird er nicht mehr gebraucht, jetzt hat die Truppe mit sich selbst genug zu tun.

Greifbar zwar zum Küssen und Händeschütteln bei Bedarf, ziehe ich mich auf die nächste Kaffeehausterrasse zurück, um mich bei einem Ouzo zu sammeln und mit einem Bier zu stärken – für die neue Truppe, für einen neuen Törn. Zwischendurch heißt es, durch das ganze Schiff zu fegen, Vergessenes einzusammeln, Vorräte zu ergänzen, die Naßräume zu putzen, frische Bettwäsche für jeden herzurichten, dazu das Betthupferl, das die erste Nacht versüßen soll, die Kabinen zu lüften, Blumen für den Salon zu besorgen, den Herd wieder einmal auf Glanz zu bringen, das Motoröl zu checken,

Diesel und Wasser zu bunkern, das Deck und mich selbst zu schrubben, die ausgebrannte Positionslampe zu ersetzen und wenn möglich noch eine Stunde zu schlafen, damit ich frisch bin, wenn die neue Truppe so viele Seesäcke und Reisetaschen anschleppt, daß man glauben könnte, ein dreißigköpfiges Forscherteam . . .

Und da sind sie dann, die Neuen, früher als erwartet. Fröhlich, ausgelassen, neugierig und ein wenig unsicher, alle ungewohnt bleich. Aber sie bringen die Urlaubsstimmung zurück, die die scheidende Crew auf den Flughafen verschleppt hat. Händeschütteln, Küssen, Begrüßungsschluck, ein Blick übers Deck, ein zweiter hinauf zum Masttopp, und dann kommen sie, wie das Amen im Gebet, die ersten drei Fragen jedes Neulings: Wie hoch ist der Mast? Wie lang ist das Schiff? Wo ist das Klo?

Im Unterschied dazu lauten die drei ersten Fragen der schon etwas Erfahreneren: Wie hoch ist der Mast? Wann gehen wir essen? Wann laufen wir aus?

Bei dieser Gruppe ist allerdings in letzter Zeit ein gewisser Wandel festzustellen, denn immer häufiger lauten ihre drei ersten Fragen: Wie hoch ist der Mast? Funktioniert der Kassettenrecorder? Wo kann ich meinen CD-Player anschließen?

Trotz dieser erfreulichen Trendwende vom Essen zur Musik läßt sich eines mit Sicherheit sagen: Was die Chartergäste an einem Schiff am brennendsten interessiert, ist die Höhe des Mastes. Gerade die fehlt aber in den meisten Beschreibungen. Schiffswerften und Eigner protzen lieber mit dem Schummelwert LüA, der Lüge über alles. Über die wahre Länge einer Yacht sagt dieser Wert überhaupt nichts aus, sieht man einmal davon ab, daß man mit der LüA feststellen kann, ob das Boot zum Winterlager in die Garage paßt.

Ein Eigner, der einem Chartergast den Komfort einer 13-Meter-Yacht vorgaukelt, obwohl ohne Klüverbaum und Badeplattform nur zehn Meter Schiff vorhanden sind, ist genauso schlimm wie eine Frau, die mit ihrer Oberweite prahlt, obwohl sie den Busen ausgestopft hat.

Auch statt der berühmten Konstruktionswasserlinie, die wirklich nur dem Fachmann etwas sagt, könnte man sich anderes einfallen lassen. Zum Beispiel Angaben über den Stauraum. Würde ein Urlaubssegler den angeblich so komfortablen Kahn – „acht Kojen, vier Kabinen, vier Naßräume“ – auch dann noch chartern, wenn er wüßte, daß der ganze Komfort dieser Yacht in den vier Klos besteht? Daß er statt mit der Freundin mit seinen Ausgehbermudas, seinem Ölzeug und seinen Seestiefeln ins Bett gehen muß und daß diese Freundin ihre schicke Urlaubsgarderobe nur als Kopfpolster verwenden kann, weil die Stauräume in der „komfortablen“ Doppelkabine bereits mit einem Bikini-Unterteil und einer Badehose ausgelastet sind?

Ähnlich wie mit dem Stauraum ist es mit der Backschaft. Zehn abgezählte Teller, Kaffeetassen und Suppenschalen nützen gar nichts, wenn das Kochgeschirr nicht einmal dazu ausreicht, einen Tea for two zu kochen. Und sind die Töpfe wirklich einmal groß genug, dann reicht der Herd bestimmt nur dazu aus, die Beilagen vom „Essen auf Rädern“ für einen an Appetitlosigkeit leidenden Rentner aufzuwärmen.

Und was ist mit dem Fäkalientank? Der scheint mir wichtiger zu sein als vier Klomuscheln für acht Leute. Denn wenn ich braun werden will, dann von der Sonne und nicht, weil ich vor dem Frühstück im Wasser war. Aber vom Fäkalientank ist in kaum einer Yachtbeschreibung die Rede. Er paßt nicht in Prahlhans’ Komfortkonzept.

Es fehlt vieles in diesen Werbeschriften.

Warum sich die Leute gerade auf den Mast spezialisieren, warum ihnen seine Höhe so wichtig ist, wird mir ewig ein Rätsel bleiben. Ich mache für diese Neulinge immer ein Quiz aus dieser Frage. Wer richtig schätzt, darf sich ein Bier nehmen. Die danebengeraten haben, kriegen einen Trostpreis: auch ein Bier.

Spielchen dieser Art habe ich auf dem Passagierdampfer kennengelernt, mit dem ich einmal von Australien nach Europa zurückkehrte. Dort mußte man die täglich zurückgelegten Meilen raten. Gewinnen konnte man eine Flasche Sekt – italienischen, denn es war ein Schiff aus Genua.

Bei meinen Chartertörns kann man außer Bier (oder Schnaps, Wein und Cola) auch noch den begehrten Keksorden erringen. Der wird dem Meister der Kapwette verliehen. Das Wettfieber, das bekanntlich sehr ansteckend ist, wird von mir gegen den Bazillus Langeweile eingesetzt. Sieger bei der Kapwette ist, wer genau sagen kann, wann wir ein von mir bestimmtes Kap querab haben.

Der Keksorden, ein Knabbergebäck mit Loch in der Mitte, wird selbstverständlich am Band verliehen. Die Verleihungsurkunde ist auf Recycling-Papier abgefaßt. Der Ordensträger darf eine Runde ausgeben.

Im Unterschied zur Kapwette, die nur sporadisch veranstaltet wird, ist der Sundowner ein täglich wiederkehrendes Ritual auf allen Charterschiffen unter meinem Kommando. Den Sundowner habe ich von der englischen Flotte übernommen, der alten Royal Navy, deren Schiffe noch mit Windkraft unterwegs waren.

Auf diesen Schiffen war die Wacheinteilung so strikt, daß sich die Offiziere oft den ganzen Tag nicht begegneten. Um diesem Übel abzuhelfen und die Kommunikation unter den höheren Diensträngen zu fördern, war es für alle Offiziere Pflicht, bei Sonnenuntergang in der Messe zu erscheinen. Den Zeitpunkt hatte man gewählt, da damals Armband- und wasserfeste Taschenuhren noch nicht zu den Gebrauchsgegenständen gehörten, die sich jeder Offizier leisten konnte. Für die Herren, die sich nach dieser Regelung pünktlich in der Messe einfanden, gab es einen Drink. Einen Sherry, falls man gerade einen erbeutet hatte, oder einen Whisky, der, wenn die Vorräte zu Ende gingen, mehr und mehr mit Wasser gestreckt wurde.

Ich erzähle diese Geschichte meinen Chartergästen in dem guten Glauben, daß sie stimmt. Überprüft habe ich sie nie. Ich habe sie schon so oft erzählt, daß ich mir nicht einmal mehr sicher bin, ob ich sie nicht selbst erfunden habe. Sie kommt jedenfalls gut an, wahrscheinlich weil der Sonnenuntergang im Mittelmeer meist romantische Gefühle weckt, die jeder gern mit einem Glas Wein intensiviert. Statt des Sherrys nehmen wir Rotwein, der leuchtet so schön, wenn man ihn gegen die untergehende Sonne hält – und er ist auch leichter zu bekommen. Das Beutemachen auf spanischen Schiffen ist uns ja im Gegensatz zu den alten Briten verboten. Diese Flasche Rotwein samt der entsprechenden Anzahl sauberer Gläser zum richtigen Zeitpunkt bereitzustellen, ist Pflicht und Herzensangelegenheit des Sundowner-Maats. Der ist nach dem Navi und dem Koch die wichtigste Charge an Bord und eine, die auch von einem Nichtsegler ausgeübt werden kann.

Ruhige See, eine laue Nacht, eine stille Bucht, da kann es schon mal vorkommen, daß sich der Sundowner bis zum Mondaufgang ausdehnt und daß der Maat den Korken aus einer zweiten oder gar dritten Flasche ziehen muß. Eine Chartercrew läßt sich, was die Disziplin betrifft, eben nicht mit britischen Marineoffizieren vergleichen.

Was bei dem allabendlichen Meeting herauskommt, kann man nie wissen. Einmal wird hitzig diskutiert, ob die Menschheit ohne Fernsehen überleben könnte, dann wieder geht es um die Frage, ob Lohengreen ein terminus technicus des Golfsports ist oder wie Preblau und Billroth der Farbenlehre zuzuordnen sind. Oder es geht – rein akademisch, versteht sich – um die zukunftsweisende Erkenntnis, ob Pistazien als Schalentiere mit Erdnüssen in einen Topf geworfen werden dürfen.

Manchmal, wenn der Sundowner in die Verlängerung geht, wird auch geblödelt.

Da kann es dann passieren, daß auch ich, der Skipper, die demokratisch getroffene Entscheidung respektieren muß, daß für den Rest des Törns der Buchstabe „L“ aus der Kommando- und Umgangssprache zu streichen und durch den Buchstaben „N“ zu ersetzen ist. Dann heißt es: „Neinen nos“ statt: „Leinen los.“

Der Schwank „Pension Schöller“ stand bei dieser verrückten Idee Pate oder – besser gesagt – jener gottvoll vertrottelte Jüngling aus diesem Stück, der trotz seines zwerchfellerschütternden L-N-Sprachfehlers Schauspieler werden will. „Das Nied von der Gnocke“ wurde an Bord zum Dogma, und wer sich gegen den L-Bann versündigte, wurde mit lautem Gelächter und öffentlicher Verhöhnung bestraft.

Zwei Tage dauerte es, bis das „L“ durch „N“ ersetzt war. Dann gingen die Sprachreiniger wie bei einer ethnischen Säuberung daran, Wörter mit großem oder kleinem „L“ überhaupt aus dem Sprachschatz zu verbannen. Jetzt durfte ich nicht einmal mehr

„Neinen nos“ kommandieren. Jetzt mußte ich mir: „Nehmt die Festmacher an Bord“ einfallen lassen.

Die Crew war so konsequent, daß mir gar nichts anderes übrig blieb, als bei dieser wortgewandten Hirnakrobatik mitzuturnen. Nur eines habe ich davon beibehalten. Statt: „Rutsch’ mir den Buckel runter!“ sage ich nach wie vor: „Neck’ mich!“ Das klingt so nett.

Ich freue mich immer sehr, wenn ich unter den Seesäcken und Taschen einer neuen Crew die birnenförmige Hülle einer Gitarre erspähe. Denn arglos, wie ich bin, nehme ich gleich an, daß a) darin wirklich eine Gitarre ist und daß b) der Besitzer mit dem Instrument umgehen kann.

Sonnenuntergang und Gitarrenklang kommen mir da sofort in meinen romatischen Sinn und dazu alle Schnulzensänger dieser Erde, von Freddy Quinn bis Dean Martin.

Mit Bongos hatte ich bis vor kurzem keine Erfahrung. Ich kannte keine einzige Sonate für Bongos und Orchester, kein Stück, das ich hätte singen oder auch nur nachpfeifen können. Bei meinem sonnigem Gemüt freute ich mich deshalb, als ich unter den Gepäckstücken einer Crew ein Paar Bongotrommeln entdeckte. Eine Ziehharmonika wäre mir zwar lieber gewesen, aber man kann nicht alles haben. Hauptsache, einer gab beim Singen wenn schon nicht den Ton, so doch den Rhythmus an.

Der zu den Trommeln gehörende Musiker war ein stämmiger Bursche mit kurz und grad’ getrimmtem Haar – Crewcut nennt man so eine Frisur – und mit einer Vorliebe für wallende afrikanische Gewänder (das hätte mir schon zu denken geben sollen). Außerdem besaß er einen gesegneten Appetit und einen Segelschein, was mich sofort bewog, ihn als Wachführer einzuteilen. In der Crewliste stand der Trommler als Anton, von seinen Freunden wurde er aber nur Bongo gerufen, nicht respektlos, sondern mit jener Distanz in der Stimme, wie man sie bei einer altgedienten Sekretärin hört, die den Juniorchef beim Vornamen nennt.

Unser maritimer Tummelplatz für diesen Törn war die Adria zwischen den dalmatinischen Inseln von Split bis hinunter nach Dubrovnik: ein Seeraum, groß genug zum Kreuzen und zum Trommeln.

Wir hatten die Enge zwischen Solta und Brac noch nicht passiert, als Bongo im längsgestreiften Kaftan und mit einem handgestrickten Käppi an Deck erschien, unter dem Arm seine Bongos.

„Habt ihr was dagegen?“ erkundigte er sich höflich. Wir hatten nicht, wir waren neugierig. Bongo turnte zum Bug, ließ sich dort im Schneidersitz nieder, die Trommeln zwischen den Beinen, und begann seine Übungen.

Der Mann war gut. Das hörte man sofort, obwohl die Rhythmen anfangs noch langsam und gedämpft kamen. Bongo spielte sich erst ein. Auf dem halben Weg nach Hvar dröhnte es bereits vom Vorschiff wie auf einem Grätzelfest im Zulukral. Bongo benützte nicht nur seine Trommeln, sondern brachte mit steifen Fingern auch den verchromten Bugkorb zum Klingen. Dazu stieß er im Rhythmus ekstatische Schreie aus.

Das war eine Show! Wir waren fasziniert und applaudierten begeistert, als Bongo seine erste Session beendete.

Durch den Applaus aufgestachelt, verschwand er unter Deck, um kurz darauf mit weiteren Rhythmusinstrumenten wieder zu erscheinen: Rasseln, Klappern, gekerbten Bambusstäben und ähnlichem. Für jedes Crewmitglied war ein Instrument dabei, selbst der Rudergänger erhielt einen Trommelschlegel, mit dem er bei „drei" gegen das Steuerrad klopfen sollte.

Obwohl uns Bongo den Rhythmus vorgab, war das Spektakel chaotisch, weil keiner so richtig Takt halten konnte. Unter großem Gelächter wurde auch diese Session beendet. Die Kinder hatten genug gespielt, artig gaben sie das Spielzeug zurück.

Damit war der offizielle Teil des ersten Konzerts für Schiff und Bongotrommeln an Bord der THISPE abgeschlossen. Bongos freiwillige Draufgaben wurden mehr oder weniger überhört. Nicht mehr zu überhören war allerdings die Mitternachtseinlage. Bongo, zur Wache eingeteilt, begann zunächst nur mit den Fingern aufs Steuerrad zu klopfen, was unter Deck wie Regen klang, der auf das Blätterdach einer Eingeborenenhütte prasselt. Aus dem Regen wurde Hagel und schließlich, als sich Bongo in Trance getrommelt hatte, ein ausgewachsenes Gewitter.

Ich stürmte an Deck und verordnete dem Perkussionisten eine Zwangspause, an die er sich aber nur eine halbe Stunde lang hielt. Dann wurde er am Ruder abgelöst, was er dazu benützte, sich am Großbaum einzutrommeln.

Als ich das zweite Mal nach draußen stürmte, ging Bongo gerade daran, seinem Wachkameraden den Klangunterschied zwischen der großen Genuawinsch und der kleinen Spiwinsch zu demonstrieren.

„Aber du mußt zugeben, die beiden haben einen guten Klang",

appellierte er an meine Musikalität. Ich versprach ihm, mir die Dissonanzen am nächsten Tag anzuhören, und schickte ihn in die Koje. Den Rest seiner Wache übernahm ich.

In den folgenden Tagen achtete ich peinlich genau darauf, daß Bongo nur zu Tageswachen eingeteilt wurde, bei denen es nichts ausmachte, wenn unsere schwimmende Urwaldtrommel den Resonanzkörper für seine afrikanischen Tänze abgab.

Ein Musiker von klassischem Schlag war Jakob. Tschako, wie wir ihn nannten, hatte sich von Frack und Lackschuhen nicht unterkriegen lassen. Auch als altgedienter Orchestermusiker folgte er mit Konsequenz der Devise: Du mußt selbst mit einer steifen Frackbrust locker bleiben.

Wenn er im verwaschenen T-Shirt, mit achtmal geflickten und immer noch zerissenen Jeans, unrasiert und mit dem unvermeidlichen Zigarettenstummel zwischen den Lippen, an Deck herumlungerte, konnte man ihn für die Seniorenausgabe von Sindbad den Seefahrer, aber nie und nimmer für einen philharmonischen Klarinettisten halten.

Der „Dressman für die Altkleidersammlung“, wie er einmal bezeichnet wurde, hielt nicht viel von Segeltheorie; er war ein Mann der Praxis und der beste Rudergänger, den ich kenne.

Wenn Äolus Neptuns Spielplatz zur Buckelpiste machte, war Tschako in seinem Element. So sicher, als ob er schief angeschraubt wäre, stand er hinter dem Rad und manövrierte das Boot, als sei er Kondukteur auf einer Berg- und Talbahn. Wenig Wind interessierte ihn nicht, es sei denn, es galt, einen Gegner auszutricksen. Dann verdrängte er jeden, der gerade am Ruder stand und spannte die gesamte Mannschaft zum Segeltrimm ein. Und wehe, einer spurte nicht: Dann sprang er wie weiland Rumpelstilzchen hinter dem Rad herum und beteuerte: „Ich steige aus, ich schwör's euch! Im nächsten Hafen verlasse ich das Schiff, denn mit so einer Dilettantencrew kann man keine Regatta gewinnen.“

Tschako ist noch nie ausgestiegen, aber er hat mit seinen taktischen Anweisungen schon viele Gegner ausmanövriert. Welchen Ruf Tschako in Seglerkreisen genießt, erfuhr ich, als ich einmal mit ihm im Restaurant Zakan am Südende der Kornaten Station machte. Die 16-Meter-Yacht an der Pier, an der wir längsseits gehen mußten, trug nicht die österreichische, sondern die Tiroler Fahne als Nationale, was Tschako zu der wenig aufschlußreichen Bemerkung veranlaßte: „Ui, den Skipper kenne ich." Woher, das erfuhren wir, als wir mit Tschako das Lokal betraten.

Der Tiroler Skipper stand nämlich demonstrativ auf, wandte sich an seine Mannschaft und meinte: „Daß sich keiner mit denen da", dabei wies er auf uns, „unterhalten tut oder sonstwie freundlich ist, weil der da", jetzt wies er auf Tschako, „der hat mich schon zweimal poliert, und das mit einem kleineren Schiff."

Daß der Tiroler die Sache nicht so ernst nahm, wie er sie vorbrachte, war aus dem Liter Wein zu ersehen, den er uns unaufgefordert auf den Tisch stellen ließ.

Sein Glanzstück lieferte Tschako, als er sich in Zlarin mit der Besatzung eines jugoslawischen Kriegsschiffs anlegte. Dabei ging's aber nicht um Segeln, sondern um Musik. Tschakos Waffe war seine Klarinette.

Wir hatten auf einem Törn von Makarska nordwärts an der einen Seite der Außenmole von Zlarin festgemacht. An der anderen Seite lag ein etwas vergammelter Frachter der jugoslawischen Marine. Davor stand ein Wachposten mit Gewehr, an Deck lungerten gelangweilte Matrosen herum. Reaktion: keine. Kein Applaus für unser gekonntes Anlegemanöver, kein anerkennender Pfiff für unsere Bordnymphen. Nichts als personifizierte Lethargie.

Das muß Tschako irgendwie gewurmt haben, denn als wir gegen Mitternacht bügelfeucht zum Schiff zurückkehrten, meinte er mit trotzig vorgeschobenem Unterkinn, nun wolle er mal sehen, ob er der numerierten Rostlaube nicht doch eine Reaktion abnötigen könne.

Wenige Minuten später stand er, feierlich adjustiert, im Bugkorb. In seiner doppelreihig mit Messingknöpfen verzierten Marinejacke – ein Stück, das via Flohmarkt zu ihm gefunden hatte – und mit seiner schwarzen Segelmütze sah er aus wie ein Mitglied des K.u.K. Marine-Musik-Corps. Nur die Jeans paßten nicht zum Outfit.

Ohne lange zu zögern, setzte Tschako seine Klarinette an und begann ohne einen vorbereitenden Gickser, den Zapfenstreich zu blasen.

Die erhoffte Reaktion ließ nicht lange auf sich warten. Kaum hatte Tschako die ersten paar Töne gespielt, hörte man von drüben Rufe. Keiner von uns sprach gut genug serbokroatisch, um wörtlich zu verstehen, was gerufen wurde. Aber darüber waren wir uns einig: Die Rufe konnten auch bei nachsichtigster Übersetzung nichts anderes heißen als: „Kusch!“

Tschako ließ sich nicht beirren. Er änderte nur das Tempo seines Vortrags. Vom getragenen Zapfenstreich ging er nahtlos zum flotten „In The Mood“ über. Die „Kusch“-Rufe verstummten. An der Reling drüben tauchten da und dort Köpfe auf. Tschako legte noch ein Schauferl nach. Der nächste Glenn Miller, „Don’t Sit Under The Appletree“, brachte den Umschwung: der erste Applaus.

Jetzt war Tschako in seinem Element. Mit leicht zur Seite geneigtem Kopf – so konnte er besser nach drüben schielen – schickte er ein improvisiertes Bravourstück für Soloklarinette zur jetzt schon dicht besetzten Reling hinauf.

Der folgende Applaus war überzeugend. Tschako nahm ihn wie eine Ehrenbezeugung entgegen: aufrecht, die Hand an der Mütze, die Klarinette wie ein Gewehr präsentierend.

Es war ein Triumph. Tschako hätte ihn gern weiter ausgedehnt, hätten uns nicht inzwischen der Kapitän des Frachters und der Häuptling der Marinesoldaten mit ihrem Besuch beehrt. Sie kamen zu uns an Deck, bedankten sich für das Ständchen, baten aber gleichzeitig, es dabei bewenden zu lassen. Ihre Boys erwarte ein anstrengender Tag.

Ich ließ zur besseren Verständigung eine Flasche Wodka anbrechen, die beide mit ein wenig Unterstützung durch meine Crew in den nächsten zwei Stunden leerten.

Ehe ich schließlich in die Koje kroch, trug ich den denkwürdigen Vorfall noch ins Logbuch ein: „Seesoldat Tschako spielt im Bugkorb den Zapfenstreich für die Yugo-Marine.“

Einen Musiker von Tschakos Grandeur hätten wir damals gebraucht, als Old Meyer an Bord seinen 50. Geburtstag feierte.

Aus der Crewliste weiß ich natürlich immer, wer gerade für ein Fest gut ist, deshalb hatte mir Old Meyer schon bei der Törnbesprechung einen klaren Auftrag gegeben: kein Wort über seinen Geburtstag, er würde sich schon etwas einfallen lassen.

Am Tag X waren wir in Mykonos. In den Hafen fahre ich schon lange nicht mehr hinein, wir ankerten deshalb in der hübschen Bucht direkt hinter den berühmten Windmühlen, wo man zur Not sogar eine Landleine zu einer kleinen Mole ausbringen könnte.

Leider scheint man diese Bucht wirklich als Müllkippe zu betrachten, denn unter der Mole wird die ganze Kloake eines neuen Hotels ungefiltert ins Meer geleitet. Noch ein Grund, warum ich Mykonos nicht mag.

Ich habe die Bucht noch als Badeplatz gekannt, jetzt konnte ich sie nicht mehr riechen. Deshalb hielten wir uns nicht lange in der Stadt mit dem homoerotischen Flair auf, sondern motorten kurz nach Mittag die fünf Seemeilen hinüber zur Insel Rinea. Im Ormos Schino wollte die Crew ausgiebig faulenzen, baden, surfen, im heißen Sand liegen und zwischen den Ruinen des verlassenen Dorfs herumstreunen.

Old Meyer, der schon in Mykonos dauernd hinter der Truppe zurückgeblieben war, bis wir ihn fast verdächtigten, er hätte plötzlich seine Neigung für einen süßen Kerl entdeckt, sonderte sich auch in Rinea vom Rest der Mannschaft ab.

„Mir ist es am Strand zu heiß“, erklärte er. „Daher bleibe ich vorläufig als Ankerwache auf dem Schiff.“

„Gehst du nicht mit uns schnorcheln?“ fragte einer der Kameraden, die gerade Taucherbrillen und Flossen ins Beiboot luden.

„Nein.“ Old Meyer blieb hart. „Ich geh’ nur ein bißchen schwimmen, dann mache ich es mir da unter dem Sonnensegel bequem.“

Das Beiboot brummte ohne ihn davon. Meyer und ich blieben an Bord zurück.

„Na“, fragte ich, „werfen wir unsere Luxuskörper ins Wasser?“

Meyer nickte. Kurz darauf platschten wir beide von der Badeplattform ins Wasser. Ich umkreiste wie üblich mehrmals das Schiff, Meyer schwamm Richtung Strand.

Ich war schon an Deck, als er zurückkehrte. Getarnt! Jedenfalls traute ich meinen Augen nicht, als ich ihn daherschwimmen sah. Er hatte sich wie ein Indianer auf dem Kriegspfad mehrere grüne Zweige ins Haar gesteckt, die abgebrochenen Spitzen standen ihm vorn über die Stirn, die Blätter umwallten seinen Nacken.

„He, Meyer", rief ich, „spielst du Winnetou erster oder zweiter Teil?"

Er antwortete erst, als er prustend an Bord kletterte. „Das ist kein Kriegsschmuck, sondern ein Heurigenbuschen. Ich konnte ihn nicht in der Hand halten, weil ich mit nur einem Arm nicht schwimmen kann."

„*Was* ist das?"

„Ein Heurigenbuschen", wiederholte Old Meyer, „für mein Geburtstagsfest. Ich steck' nämlich heut' aus."

Ich verstand ihn immer noch nicht. „Du machst was?"

„Ich veranstalte einen Heurigenabend. Du weißt schon: ausg'steckt is'. Mit allem Drum und Dran. Grüner Buschen, kaltes Büffet, junger Wein. Hilfst du mir dabei?"

„Klar helf' ich dir. Aber wo willst du denn alles hernehmen, was du dazu brauchst?"

„Den Buschen hab' ich schon." Er fuchtelte mir mit den Zweigen vor den Augen. „Das andere hab' ich alles mitgebracht, den Rest hab' ich heute besorgt."

„Die werden aber Augen machen!"

„Das will ich hoffen." Old Meyer glühte vor Begeisterung. „Den grünen Buschen hängen wir an die Großbaumnock. Dann fieren wir den Baum ganz nach rechts – ich meine Steuerbord –, damit man den Buschen und die grüne Beleuchtung gut sieht."

„Du hast auch eine Beleuchtung?"

„Na klar. Taschenlampenset mit grüner Birne. Hab' ich von zu Hause mitgebracht. Fix und fertig verkabelt. Brauch' ich nur noch an den Großbaum zu bändseln."

„Und das Essen?" erkundigte ich mich.

„Alles da. Meine Fototasche ist voll mit Köstlichkeiten und die von meinem Sohn auch. Ich hab' heute groß eingekauft, alles, was man so kriegt: Wurst, Käse, Pasteten. Keine Schwierigkeit. Nur bei den Salaten mußt du mir helfen. Meine werden immer so sauer."

Old Meyer holte seinen Seesack und kramte die Schätze hervor – mit Erklärungen: acht Viertelgläser, die echten mit dem Henkel. „Die hab' ich direkt aus Grinzing. Ohne die wird es ja kein Heuriger. Wir können doch nicht den Wein aus Plastikheferln oder gar aus Pappbechern saufen."

Ein Windlicht folgte. „Das gehört dazu, denn das macht Stimmung. Ich hab's mitgenommen, weil ich ja nicht wußte, daß eins an Bord ist."

Rot-weiß karierte Servietten. „Die sind das mindeste, weil wir doch keine grünen Tische und keine Heurigenbänke haben."

Und einen Literkrug. „Damit wir nicht so oft in den Keller müssen."

„In den Keller?" fragte ich verwundert. „Wo ist auf diesem Schiff ein Keller?"

„Na, da unten", er wies auf den Salon. „Da unten bauen wir die Schank und das Büffet auf. Selbstbedienung. Wie in einem Keller."

Um halb acht waren wir fertig. Die Salate, die Aufstriche, die kalten Platten, alles stand bereit. Das Heurigenbüffet war aufgebaut.

„Wo bleiben die bloß?" Ich wunderte mich schon über meine Crew.

„Du mußt den Blauen Peter setzen", belehrte mich Old Meyer. „Ich hab' nämlich meinem Sohn aufgetragen, die anderen hinzuhalten, bis wir das Essenszeichen geben."

„Mit dem Blauen Peter?"

„Genau. Wie immer, wenn du die Crew an Bord haben willst. Die warten sicher schon drauf."

Ich holte die blaue Flagge mit dem weißen Feld aus der Navi-Lade und setzte sie unter der Backbordsaling. Zehn Minuten später brummte die Crew an. Meyers grüner Buschen wurde mit lautem Hallo gefeiert. Und erst recht das kalte Büffet. In kürzester Zeit waren alle umgezogen und bereit.

Das Geburtstagskind öffnete die erste Flasche. „Beim Wein müssen wir natürlich Abstriche machen", dozierte Meyer, während er die Gläser füllte. „Statt unseres trockenen Veltliners müssen wir mit südlich süßen Flaschenweinen vorliebnehmen. Da bleibt natürlich der G'spritzte auf der Strecke, denn für den eignet sich ja nur ein

herber Säuerling. Wir müssen also die Gewöhnungsphase überspringen und gleich mit dem Wirkungstrinken beginnen."

„Old man Meyer, du redest zuviel" unterbrach ich ihn. „Wäre es nicht besser, wir stoßen ohne lange Vorreden endlich auf deinen Geburtstag an?"

Die Gläser klirrten, wir sangen: „Hoch soll er leben" und einiges andere mehr. Der erste Schiffsheurige war eröffnet.

Später, nach zehn Uhr, als die Sonne unterging, schaltete Meyer endlich sein grünes Licht an der Großbaumnock ein. Lächelnd wie ein Kind setzte er sich neben mich. „Siehst du“, begann er und bemühte sich wie ein Betrunkener bei der Verkehrskontrolle, seinen Zungenschlag zu verbergen, „so etwas schaff’ ich mir für die Rente an: ein Heurigenschiff. Da hab’ ich alles beisammen, was ich gern mag: ein Segelboot, den Heurigen und nette Gäste. Aber auf meinem Schiff werden die Bänke grün gestrichen. Weil das besser zum Wein paßt. Und dem Neptun kann es wurscht sein, mit dem arrangier’ ich mich schon. Du brauchst in Zukunft nur nach einem Schiff mit zwei grünen Positionslichtern an Steuerbord Ausschau zu halten. Wenn du grün doppelt siehst, dann nichts wie ran. Das ist Meyers erster Schiffsheuriger. Da bist du immer willkommen.“

Er starrte fasziniert auf seine grüne Lampe und begann zu kichern. „Zwei grüne Lichter übereinander, das wird man künftig unter dem Kapitel Lichterführung in der ‚Seemannschaft‘ finden. Dann müssen die Burschen schon im Segelkurs lernen: Grün über grün heißt Heurigenschiff. Und ich bin der Erfinder.“

Wenn ich nach so einem Fest in meiner Koje liege oder am nächsten Tag im Schatten des Großsegels an Deck vor mich hindöse, dann meldet sich manchmal mein schlechtes Gewissen: Solltest du nicht mehr segeln, statt in seichten Buchten am Anker zu hängen? Solltest du die Wachen nicht nach Glas statt nach Gläsern einteilen? Mehr Knoten üben, statt Freundschaften zu knüpfen? Schau’ dir den Dings an, rät mir mein Gewissen, der jagt seine Crew in 14 Tagen locker von Malta rund um Sizilien nach Dubrovnik!

Du weißt doch, der nimmt zwölf Leute an Bord, obwohl nur für zehn Platz ist, weil drei Mann ohnedies immer an Deck sind. Erinnere dich: Bei dem gibt es Landgang nur, um Vorräte zu ergänzen. Besichtigungstour, Kulturbummel, alles gestrichen. Und Buchten läuft er nur an, um Ankermanöver zu üben. Nimm dir ein Beispiel an ihm! Jag’ diese faulen Seesäcke um Mitternacht aus den Kojen! Nimm dir ein Beispiel! Kümmere dich nicht dauernd ums Wetter. Laß sie kotzen. Ohne Ölzeug kein Segelabenteuer!

Mehr Seemannschaft, Bursche!

Ich bete diese Litanei nie zu Ende, weil ich genau weiß, daß mir Captain Bligh nicht liegt.

Ich richte mich nach meiner Crew. Wenn da acht Leute an Bord stürmen, das Segelmesser schon zwischen den Zähnen, dann segeln wir eben Tag und Nacht bei jedem Wetter.

Wenn dann das Mann-über-Bord-Manöver beim zwanzigsten Mal noch nicht klappt, dann versuchen wir es eben zum einundzwanzigsten Mal.

Vom Eindampfen in die Vorspring kann ich dann gar nicht genug kriegen. Ich harre so lange im Cafeneion an der Pier aus, bis die Punktlandung klappt.

Und auf navigatorische Äußerungen wie: „Das wird wahrscheinlich das Feuer von Palacruza sein", reagiere ich mit dem aufmunternden Hinweis: „Wahrscheinlich ist nur, daß du bei der Prüfung durchfallen wirst. Denn daß du mit dieser vagen Antwort durchkommst, ist unwahrscheinlich."

Da kommt dann doch ein kleiner Schinderhannes in mir zum Vorschein. Captain Bligh in kurzen Hosen sozusagen.

Das gilt aber nur für die echten Übungs- und Prüfungstörns, nie für meine Segellaien. Die lassen lieber segeln: mich! Die wollen nämlich nicht Meilen fressen, sondern Nachtmahl essen. Je urtümlicher das Restaurant, um so besser.

Und die ETA, die Estimated Time of Arrival, ist für die nur dann von Bedeutung, wenn sie die lebenswichtige Frage klärt: Est taverna aperto?

Die wollen keinen Palstek, sondern Pfeffersteak.

Die wollen nicht wachen, sondern lachen.

Die wollen ein Fest machen, wenn wir fest machen.

Vom Beiliegen gar nicht zu reden.

Also, was soll's? Urlaubscrews sind eben anders.

Mich stört es nicht.

Mich stört es nicht, wenn ich Miriam zum 234. Mal zeigen muß, wie sie einen Fender am Relingdurchzug festmachen soll.

Ich bin nachsichtig, wenn der Rudergänger die Yacht nicht beim ersten Mal durch die Wende bringt. Das ist schon namhaften Regattaseglern passiert. Mir fällt kein Stern von der Ordensbrust, wenn ich wegen einer seekranken Bordnymphe Salon und Häusl zweimal hintereinander putzen muß.

Ich amüsiere mich noch immer über die 180-Grad-Fehler eines „Laß-mich-das-auch-mal-probieren"-Navigators.

Und mir macht es nicht mal was aus, wenn ich vor versammelten Yachties ein Anlegemanöver zum dritten Mal fahren muß, nur weil Flip, der Hausschreck, den Absprung verpaßt hat.

Aber ich habe auch meinen Ehrgeiz. Ich bemühe mich redlich, aus dem wirren Haufen von liebens- und ehrenwerten Individualisten eine Crew zu formen. Meine Crew.

Erste Symptome dieser biophysikalischen Umformung zeigen sich beim Landgang. Wenn sich die Individuen nicht mehr in alle Winde zerstreuen, hat die angestrebte Kernfusion unter leichtem Druck bei Normtemperatur eingesetzt. Der Prozeß könnte jetzt durch interne Streitereien noch gestoppt oder gebremst werden. Gemeinsame Ausflüge, Besichtigungen, ja sogar ein simpler Stadtbummel mit Lokalbesuch sind erste Bewährungsproben. Beginnen sich Crewmitglieder dafür zu entschuldigen, daß sie am gemeinsamen Programm nicht teilnehmen können, ist die erste Phase positiv abgeschlossen.

Jetzt geht es um die Festigung der Fusion. Die Crew muß als Crew auftreten, beispielsweise im Restaurant. Wenn statt eines Viertels für jeden zwei Liter mit acht Gläsern bestellt werden, wenn eine Vorspeisenplatte für alle geordert wird und bei den Hauptspeisen einer vom Teller des anderen zu kosten beginnt, dann kann man schon von einer Crew sprechen. Erst recht, wenn zum Schluß die Rechnung aus der Bordkasse beglichen wird, obwohl der eine teurer gegessen und der andere mehr getrunken hat.

Das dritte Stadium der Fusion ist das augenscheinlichste: Die Crew beginnt sich zu uniformieren. Jetzt kennt man sich nicht nur untereinander, jetzt gibt man sich auch Außenstehenden als Gemeinschaft zu erkennen. Das Crewleiberl-Stadium ist erreicht. Als ich einmal T-Shirts mit der Aufschrift „Top-Crew SY Thispe" an meine Crewmitglieder verschenkte, konnte ich genau beobachten, wann dieses Stadium erreicht war. In den ersten Tagen wurde das T-Shirt nur von einzelnen getragen. Nach etwa drei Tagen war es nach einem selbstgewählten Ehrenkodex Pflicht, nur noch in Uniform auszugehen. Die Top-Crew trug ab da ihre T-Shirts mit Stolz.

In der vierten und irreversibel letzten gruppendynamischen Phase ist die Identitätskrise endgültig überwunden. Die Crew hält jetzt wie Pech und Schwefel zusammen und kann weder von innen noch von außen gesprengt werden. Sie ist belastbar, weil der einzelne durch die Gemeinschaft gestärkt wird, sie kann Stürme abwettern und Flauten überwinden und das auch im übertragenen Sinn. Es bedarf allerdings eines Fusionsspezialisten mit feinen Ohren, um diese letzte Wandlung zu erfassen. Der einzelne spricht jetzt nicht mehr unpersönlich von „einem Schiff“ und „einem Skipper“, auch nicht von „seinem Schiff“ und „seinem Skipper“, sondern er fühlt sich so als Teil der Truppe, daß er immer stellvertretend für die ganze Crew spricht. Ab jetzt gibt es nur noch „unser Schiff“ und „unseren Skipper“. Die Umformung ist komplett.

Ist die Mannschaft erst einmal geformt, ist mein zweites Ziel nur noch ein Klacks: Ich möchte, daß auch die Laiencrew imstande ist, ein perfektes Anlegemanöver hinzulegen, und zwar ohne daß dabei ein Wort gesprochen wird. Ich selbst bin dann auch nur Zuschauer.

Zur Motivation führe ich meine Crew auf die Aussichtsterrasse eines Lokals nahe der Pier, von wo aus man die einlaufenden

Yachten schön beobachten kann. An Demonstrationsobjekten fehlt es nicht.

Ein Schiff rauscht mit viel zuviel Fahrt in den Hafen. Der Skipper gibt hektisch Anweisungen. „Beeilt euch mit den Fendern!" hört man ihn in einer Lautstärke brüllen, als gelte es, die Mannschaft eines Flugzeugträgers zu kommandieren. Sechs Mann stürzen zu sechs Fendern.

„Und zwei Achterleinen brauchen wir auch." Zwei Fender bleiben unaufgeknüpft, weil zwei Mann willig zu den Backskisten eilen. Die Leinen werden herausgereicht. Der Bunsch wird zu einer Wuling auseinandergerissen.

„Sind wir soweit?" mischt sich jetzt der Rudergänger ein.

„Ja, ja", meldet voreilig die Mannschaft, weil sie denkt, es sei schon zu schaffen.

„Nix da, dreh' noch ein Ringerl", fährt der Skipper dazwischen. Er hat ja doch den Überblick.

Die Leinen werden angeschlagen und bereitgelegt, da entdeckt der Rudergänger die zwei verlassenen Fender. „Die Fender!" schreit er und schickt den, der ihm gerade am nächsten steht, nach vorne: den Mann von der Achterleine.

„Wer geht zum Anker?" will jetzt der Skipper wissen.

Das habe ich mich auf der Terrasse auch schon gefragt.

Drei Freiwillige stürmen nach vorne. Einer ist der zweite Leinenmann.

Jetzt wird es spannend. Der Rudergänger legt den Retourgang ein. Das Schiff dreht sich aus einer Abgaswolke in Richtung auf den angepeilten Liegeplatz. Viel zu schnell. Der Skipper muß eingreifen. Er drängt den Rudergänger von seinem Platz, reißt den Gashebel zurück. „Anker marsch!" Wie gut, daß er eine so laute Stimme hat. Der Anker rauscht ins Wasser.

„Wer ist denn jetzt an den Leinen, verdammt noch mal?" brüllt der Skipper. Der Rudergänger grapscht sich die Leine an Steuerbord, zwei Fenderknüpfer von mittschiffs stürzen auf die andere Seite. Sie versuchen erneut, die Wuling zu entwirren.

„Anker stopp!"

Die Kette macht so einen Krach, daß keiner da vorn das Kommando hört. Der Ex-Rudergänger erfaßt die Situation, wirft die Leine hin und stürmt nach vorn. Jetzt sind vier Mann am Anker.

„Nimm du die zweite Leine“, dirigiert der Skipper einen Mann von Backbord nach Steuerbord. Jetzt sind beide Leinen besetzt, aber niemand ist da, um auf die Mole zu springen.

„Ein Mann nach hinten, ein Mann!“ Keine Reaktion. Der einzige freie Mann nestelt noch immer an den Fenderleinen und tut so, als ob ihn das alles nichts anginge. Ganz vorn wird der Skipper noch immer nicht gehört, denn die vierköpfige Ankercrew diskutiert gerade die Frage, ob der Anker hält.

Er hält.

„Mehr Kette!“ brüllt der Skipper nach vorn. Das wird endlich gehört. „Steig' halt du über“, empfiehlt der Skipper jetzt dem Mann an Backbord, aber der von Steuerbord steht schon auf der Badeplattform. Steigt glücklich an Land.

„Die Leine! So wirf doch endlich“, herrscht er seinen Kameraden an. Der versucht, die ganze Wuling an Land zu schmeißen. Die Leine plumpst ins Wasser.

Jetzt greift der Skipper ein. Er wirft die zweite Leine. Der Mann an Land kriegt sie auch zu fassen. Aber weil vergessen wurde, die Leine unter dem Heckkorb durchzuscheren, reißt er den dort befestigten Rettungsring aus seiner Verankerung.

„Macht nichts“, brüllt der Skipper, „beleg' die Leine, damit wir endlich fest sind. Das mit dem Korb richten wir schon.“

Der Mann zieht die Leine durch den Ring und fummelt daran herum. Dreht sich verdächtig aus unserer Sicht.

„Oje“, murmelt eines meiner Crewmitglieder, „jetzt kann er den Palstek nicht.“

Der Skipper hat es auch schon bemerkt. „So helft ihm doch!“ Er zitiert einen Mann der Ankerwache nach hinten. Der übernimmt den Palstek, der andere die zweite nasse Leine. „Sollten wir vielleicht gleich auf Slip gehen?“ fragt er fachkundig.

Doch dafür erweist sich der Festmacher als zu kurz. Also doch einen Palstek. Jetzt klappt es auf einmal.

Der Rettungsring wird mit dem Bootshaken aus der Hafenbrühe gefischt, die Steuerbordleine unter dem Heckkorb durchgeschoren, die Gangway an Land geschoben. „Gut ist's gegangen", atmet der Skipper auf. „Ich glaube, wir haben uns einen Manöverschluck verdient."

Ich glaube das nicht. Nach all der Hektik sollte er sich besser eine Beruhigungsspritze geben. Oder die Kugel. Und er sollte das Gerenne stoppen, dann bräuchte er weniger herumzubrüllen.

Ich stelle mir das Abschlußmanöver meiner Crew jedenfalls ganz anders vor: jeder auf seinem Platz, Handzeichen zur Verständigung, klare Kommandos für den Fall eines Zwischenfalls.

Bis jetzt hat noch jede meiner Urlaubscrews dieses Manöver nach einer Woche geschafft. Ich mache es ganz einfach wie beim Theater. Erst spreche ich mit den Schauspielern das Stück durch, damit jeder weiß, worum es geht. Dann besetze ich die Rollen, denn es muß ja nicht gerade der Lahmste den Heuschreck spielen – und letztlich kommen die Proben. Dabei bleibe ich geduldig, besetze eventuell um und appelliere so ganz nebenbei an den Ehrgeiz der Truppe. Und schon spielen die Laien wie alte Profis.

Aber manchmal entwickelt sich alles ganz anders. Da machen die Laien ein Theater, daß man sich als Skipper nur zurücksetzen und auf das Happy-End warten kann.

Schauplatz der Handlung war der Hafen von Ägina auf der gleichnamigen griechischen Insel, erster Anlaufpunkt für alle, die aus Athen flüchten, weil sie nicht vom Sog der startenden Flugzeuge aus der Koje gerissen werden wollen. Die Handlung begann mit einem Anlegemanöver vor Buganker. Das Wetter war schön, es gab weder Wind noch Dünung. Jetzt zu Anfang Mai war auch noch genügend Platz an der Mole. Zwei frischgebackene Segelscheinbesitzer (Leo und Walter) bedienten die Heckleinen. Weil es das erste Anlegemanöver bei diesem Törn war, stand der Skipper selbst am Ruder.

Er setzte Walter auf der Mole ab, Leo warf ihm die erste Heckleine zu. Das Spiel begann.

Walter, noch ungeübt, trödelte mit dem Palstek. Leo schaute ihm eine Weile interessiert zu, dann fing er an, das Geschehen mit der eintönigen Stimme eines Kulturfilmsprechers zu kommemtieren: „In der unendlichen Geschichte ‚Seemann Walter und die Seemannsknoten' wird heute eine neues Kapitel geschrieben: ‚Walter und der Palstek', eine unerfüllte Liebe." Walter, inzwischen im zweiten Anlauf mit dem Palstek fertig, schoß einen verächtlichen Blick an Deck, ehe er den Knoten demonstrativ in die Höhe hielt. „Hol' lieber dicht, du Dichter." Leo nahm die Leine auf Zug, verhedderte sich aber prompt beim Klampenschlag. Nun war es an Walter, den Seilgefährten mit hohntriefender Stimme zu schulmeistern: „O weh! Den Klampenschlag nicht geübt? Wenn das der Segelverband wüßte! Das gäbe ein Eselsohr in den Segelschein."

Damit war das Stichwort gefallen, das den weiteren Verlauf des ganzen Törns bestimmen sollte. Es wurde ein Zwei-Personen-Stück mit Statisten, zu denen ich ebenso gehörte wie der Rest der Crew.

Mit der gespielten Ernsthaftigkeit von Schmierenkomödianten, die versuchen, mit „Othello" ins erste Fach zu wechseln, begannen die beiden, einander zu bespitzeln. Wer sich in diesem Spiel nur die geringste Nachlässigkeit in Seemannschaft erlaubte, konnte sicher sein, dafür ein schadenfrohes Grinsen zu ernten, verbunden mit dem höhnischen Satz: „Und wieder ein Eselsohr im Segelschein!"

Den beiden entging nichts. Mit einem sechsten Sinn, der Sherlock Holmes den Hosenbandorden eingebracht hätte, öffnete der an Deck dösende Leo just in dem Moment ein Auge, in dem Walter die Genuaschot falsch über die Winsch legte. Leo sagte kein Wort. Er kicherte wie eine einäugige Hexe, zückte ein Papiertaschentuch, hielt es demonstrativ in die Höhe und knipste mit einer unnachahmlichen Bewegung die rechte obere Ecke um. Bingo!

Auch Walter entwickelte sich zum fährtentauglichen Spürhund. Als hätte er's gewußt, schnappte er nach einem Bändsel, mit dem Leo eben das Großsegel aufgetucht hatte, und zerrte mit einem Ruck die Schande vor die Augen der versammelten Crew: „Das ist kein Kreuzknoten, das ist ein Altweiberknopf."

Sichtlich angeekelt, stieß er den Knoten unters Segel zurück, lächelte nachsichtig wie eine Mutter über ihr tolpatschiges Kind, faßte sich dann mit zwei spitzen Fingern am Ohr und klappte es, eine Grimasse schneidend, fast hörbar nach unten. Das war unmißverständlich!

Der zweite Akt des Spiels begann vor Naxos mit einem Knalleffekt. Wir Zuschauer wurden plötzlich mit einbezogen. Wir blieben

Statisten, kamen aber in die Eselsohren-Wertung. Das hatten wir Leos Freundin Gerda zu verdanken. Sie wollte sich beim Ausbringen der Fender nützlich machen, stellte sich aber offensichtlich nicht geschickt an, denn Walter begann plötzlich laut zu lamentieren: „Jetzt hab' ich der Gerda schon dreimal gezeigt, wie man einen Fender aufbindet, und sie kann es noch immer nicht. Ich finde, sie sollte auch ein Eselsohr bekommen."

„Aber ich hab' doch gar keinen Schein", entrüstete sich Gerda. „Ich weiß nicht mal, wie er ausschaut."

„Um so schlimmer", belehrte sie Walter. „Dann bist du eben mit einem symbolischen Eselsohr vorbestraft. Falls du je die Absicht hast, im Segelsport aktiv zu werden oder gar die Laufbahn eines Kapitäns zu ergreifen, muß ich das dem ÖSV melden."

Daß damit nicht nur Gerda, sondern die ganze Truppe in der Wertung war, wurde uns am nächsten Morgen klar. Da prangte neben dem Niedergang die EOS-Skala, eine Art Auszug aus dem Strafgesetzbuch für den Bordgebrauch.

Wer der Verfasser dieses Gesetzeswerkes war, ließ sich nicht eruieren, denn Walter wie Leo lehnten die Urheberschaft strikt ab, verdächtigten aber gleichzeitig ihren Widerpart, das Machwerk verfaßt zu haben.

Die Eselsohren-Sanktions-Skala listete alles genau auf: Luke im Salon nicht ordentlich geschlossen, Wassereinbruch: 3 EO.

Frühstücksei hart statt weich: 1 EO.

Seeventil zu schließen vergessen: 2 EO.

Bier aus Kühlschrank entnommen, ohne neues nachzufüllen: 3 EO. (Die Drei war unterstrichen, also mußte Walter der Verfasser sein, denn der war Biertrinker).

Boot wegen Unachtsamkeit des Rudergängers in den Wind geschossen: 2 EO. (Das war mir passiert, also war auch ich in der Wertung. Sofort kramte ich im Geist meinen Schein hervor. Zwei Ecken waren noch frei.)

Gerda las, Marmeladenbrot in der einen Hand, Teeheferl in der anderen, staunend die Liste. „Ja, sagt mal, wie viele Seiten hat denn so ein Segelschein überhaupt?"

„Zwei. Warum?" quetschte Leo zwischen zwei Bissen hervor.

„Wo sollen denn da die vielen Eselsohren Platz haben? Dazu braucht ihr ja ein ganzes Buch", lautete Gerdas logische Folgerung.

„Nur keine böswilligen Unterstellungen", tat Leo beleidigt. „So schlecht sind wir auch wieder nicht. Aber du hast recht, da muß sich der ÖSV etwas einfallen lassen. Zum Beispiel ein Einlegeblatt."

„Du meinst Blätter. Einlegeblätter." Gerda betonte jede Silbe einzeln. „Soweit ich mitgezählt habe, hast du bereits 14 Eselsohren in deinem Schein. Wenn du 14 Tage unterwegs bist, brauchst du ein ganzes Lexikon."

Sie hatte recht. Deshalb steckten die beiden Spielmacher auch gleich nach dem Frühstück kichernd die Köpfe zusammen. Zu Mittag verkündeten sie die Lösung: „Wer etwas für die Allgemeinheit leistet oder sich sonst auszeichnet, der kann sich Eselsohren ausbügeln – wenn die Truppe zustimmt."

Jetzt wußte ich, was mir in unserem griechischen Schauspiel die ganze Zeit gefehlt hatte: der Chor. Die Griechen hatten immer einen Chor bei ihren Spielen. Jetzt hatten auch wir einen. Und er trat schon bald in Aktion.

„Ich habe das Klo repariert", drang Walters Stimme gedämpft aus einer kleinen Luke im Vorschiff. Darauf der Chor: „Bravo! Du darfst dir zwei Eselsohren ausbügeln."

„Nein, drei“, meldete sich die mahnende Stimme eines Vorschiffbewohners. Das war selbstsüchtig, aber doch gerecht. Daher die Truppe im Chor: „Okay, drei!“

Stunden später die erfreute Stimme eines Hungrigen: „Barbara hat Suppe für alle gekocht.“

Der Chor, auf den dampfenden Topf zustürmend: „Super! Das macht dreimal Bügeleisen. Mindestens.“

Stimme aus dem Volk: „Sollten wir die Suppe nicht erst kosten?“

Es versteht sich, daß es bei diesem Einkerben und Ausbügeln keinerlei Buchführung gab. Nicht einmal eine Strichliste. Der ÖSV wird mir das vielleicht vorhalten, aber ich glaube, ich habe mich geschickt aus der Affäre gezogen. Vor dem Einlaufen in Pythagoreion auf der Insel Samos habe ich eine Generalamnestie erlassen. Leo und Walter murrten zwar und murmelten etwas von „das kann man doch nicht einfach durchgehen lassen“, wobei jeder die Fehler des anderen meinte, doch da Captain's Word schließlich Gesetz ist, war die Amnestie gültig. Sie war auch gerechtfertigt. Denn dank der Eselsohr-Spielerei, die Leo und Walter angezettelt hatten, herrschte an Bord eine Disziplin, wie man sie sonst nur auf englischen Kriegsschiffen findet. Nur war es bei uns lustiger.

Dennoch: Um Leo und Walter zu beruhigen, stimmte ich einer neuen Wertung zu. „Wer beim kommenden Anlegemanöver ein unnötiges Wort spricht, zahlt beim Abschiedsessen die Zeche.“

Pythagoreion erreichten wir knapp vor 22 Uhr, eine ideale Zeit für meine Art des Abschlußmanövers. Viele Yachten lagen vor Anker, viele Touristen flanierten auf der Hafenpromenade, wir hatten also genug Publikum für ein Manöver mit Kerzen und Musik. Das ist auch so eine Marotte von mir.

Im Vorhafen von Pythagoreion erklärte ich der Crew, worum es dabei ging: „Beim Anlegemanöver wird nicht nur kein Wort gesprochen, sondern das Schiff wird auch noch über und unter Deck voll beleuchtet. Jede Leselampe muß brennen. Da schaut der Kahn gleich größer aus. Außerdem machen wir Musik: legt den Donauwalzer auf, in voller Lautstärke. Damit die Leute gleich wissen, daß es Binnenländer sind, die dieses hoffentlich perfekte Manöver fahren. Also: Jeder auf seinen Posten.“

Es klappte wie am Schnürchen. Der Rudergänger wendete, die Lichter flammten auf, die Philharmoniker begannen zu fiedeln, der Anker platschte auf den Punkt ins Wasser. Genau in diesem Moment fing auf der Hafenpromenade eine Blaskapelle zu spielen an. Da hatten wir mit unserem Schani keine Chance.

„Scheiße!" brüllte ich, so laut ich konnte. Eigentlich wollte ich „Sugar!" schreien, aber weil es wegen der Musik keiner hören konnte, ließ ich die Umschreibung weg.

Das Manöver verlief trotzdem wie geschmiert. Kein Wort wurde gesprochen, als der Anker eingefahren wurde, kein Wort, als die Leinen belegt wurden und die Gangway an Land geschoben wurde. Es gab auch noch keinen Ton, als wie vereinbart der Sektkorken knallte und die Gläser gefüllt wurden. Erst das herzhafte „Prost!" löste das freiwillige Schweigen.

„Ihr habt das ganz super gemacht", lobte ich meine lammfromme Crew, „auch wenn uns die Krachmacher da draußen die Show gestohlen haben."

Als sich in diesem Moment Walter und Leo einen vielsagenden Blick zuwarfen, wußte ich schon, worum es ging. Leo formulierte es: „Der einzige, der den Mund aufgemacht hat, warst du. Und das war unnötig. Heißt das, daß du heute das Essen bezahlst?"

Hätte ich mich schlagen lassen sollen?

Der Badewannentaucher

Metamorphose einer Crew – Liane statt Badeleiter – Rache an den Pavianen – Pritschl-Gittl – Partnertausch unter Flottillenseglern – Das vielharmonische Bordorchester

Ich habe mir schon oft und ernsthaft die Frage gestellt, ob die verbrauchten Modelle, die sich bei der Törnbesprechung vorstellen, identisch sind mit den Leuten, die vier Wochen später zu mir an Bord kommen. Und noch mehr wundere ich mich, wer die lockeren Typen sind, die nach zwei weiteren Wochen das Schiff verlassen. Bei manchen bin ich mir fast sicher, daß ich sie vorher noch nie gesehen habe, so sehr haben sie sich in der kurzen Zeit verändert.

Die Metamorphose vom krawattengeknebelten Biedermann zum hochglanzpolierten Segler ist der Wandlung einer Kaulquappe zum Frosch und weiter zum Prinzen durchaus vergleichbar. Wann diese Metamorphose einsetzt, ist wissenschaftlich noch nicht geklärt, aber wie bei den Kaulquappen und den Fröschen (und erst recht bei den Prinzen) sind die äußerlichen Veränderungen unübersehbar.

Da war doch bei der Törnbesprechung dieser Hektiker aus der Werbebranche, der außer mit seinem tragbaren Telefon mit kaum jemandem ein Wort sprach. Auch von mir wollte er nur wissen, wann es losging, dann mußte er schon wieder weiter: „Du verstehst, ein Abendtermin, da muß ich mich einfach sehen lassen."

An Bord erschien dann ein lässiger Bursche mit einem Hang zum Küchenchef, den ich nur deshalb mit dem Werbebruder in Verbindung brachte, weil er, kaum an Bord, wissen wollte, ob er gelegentlich per Schiffsfunk auch telefonieren könne. Diese Frage stellte er allerdings nur einmal und nie wieder. Statt seiner kommunikativen Handgurke schleppte er in der Folge ein ebenso kommunikationsförderndes Bier mit sich herum.

Drei Tage später hatte sich der feine Pinkel aus der Törnbesprechnung in einen unrasierten Seebären verwandelt, der sich über Wasserverschwendung beim Duschen aufregte und jeden, der ein Deodorant benützte, mit den Worten verschreckte: „Du stinkst, als hättest du dich aus der Gratisprobe im Flugzeugklo gleich zweimal bedient."

Der Präzisionschronometer des sonst Termingehetzten – „ein Geschenk der Agentur" – schien statt Stunden nur noch Frühstück, Mittag- und Abendessen anzuzeigen. Sein einziger Pflichttermin war der Sundowner. Und seine Kleidersorgen hatten sich auf eine Badehose und ein sonnenölgetränktes T-Shirt reduziert.

Bei den Damen ist es nicht viel anders. Die blasse Boutiquenschlange, die ich bei der Törnbesprechung für ein Lichtdouble von Lily Munster gehalten hatte, entpuppte sich beim Sonnenbaden an Deck als lichtechtes Vorstadtmädel, das trotz seiner lackierten Fingernägel die Wasserpumpe des Diesels in Minutenschnelle zerlegte und schneller wieder zusammenbaute als jeder Vertragsmechaniker.

Der Ovidsche Wandel von der Froschkönigin zur Prinzessin aber beginnt sich abzuzeichnen, wenn das Mädel vom Landgang plötzlich mit einem Perlenzopferl oder einem (falschen) Edelstein im linken Nasenflügel zurückkehrt.

Ich nehme an, daß in jedem von uns ein kleiner Prinz oder eine putzige Prinzette steckt, doch sie kommen nur zum Vorschein, wenn Wind und Wellen als Katalysatoren den Umwandlungsprozeß begünstigen.

Aber Frosch, Prinz und der ganze Zauber sind nicht das einzige Märchenhafte am Segeln. Vieles, was man sich darüber erzählt, sollte mit der Phrase „es war einmal" oder besser noch mit den Worten „es war einmalig" beginnen. Und wenn die eine oder andere Geschichte mit ein bißchen Seemannsgarn ausgeschmückt wird, was soll's?

Andererseits: Warum sollte ich Ferry, dem Mann aus Ferrozement (so nannten ihn seine Freunde, weil er einmal für einen Ironman-Wettbewerb trainiert hatte) nicht glauben, als er mir von seinem allerersten Segelabenteuer erzählte?

Ferry gehörte zu einer Crew, die mir aus einem Grund immer in Erinnerung bleiben wird: Sie schaffte das umfangreichste Gepäck an Bord, das ich je auf einem Segelboot gesehen hatte. Zuerst dachte ich an Selbstversorger. Manche Leute schleppen ja vom Brot bis zum Suppenwürfel alles von zu Hause mit, weil sie glauben, so billiger davonzukommen.

Dabei fällt mir gleich der pfiffige Segler ein, der 22 Kilo Konserven als Handgepäck ins Flugzeug mitnehmen wollte. Damit kam er natürlich nicht durch, auch nicht mit seiner Erklärung, es handle sich bei den Dosen „nur um ein paar Sachen zum Naschen". Aber er ist mit diesem Ausspruch in die Segelgeschichte eingegangen, denn Segler haben prinzipiell Übergepäck.

Ferry und seine Crew waren keine Selbstversorger, sondern Sportler. Sie kamen in einem Kleinbus angefahren, der mit Sportgeräten vollgestopft war. Surfbretter samt Segel, Gabelbaum und Mast, Schnorchel, Flossen, Taucherbrillen, eine Unterwasserkamera, Wasserbälle, Luftmatratzen, das alles hätte ich mir ja noch einreden lassen, auch die Badmintonschläger und den Fußball für den Strand; aber sie schafften auch Tennisrackets samt Bällen und sogar eine Kletterausrüstung – Spezialschuhe, Säckchen mit Magnesia und ein Bündel Sicherheitskarabiner – an Bord. Zum Wassersport gab es natürlich viele Gelegenheiten, einmal hingen sie auch wie Fledermäuse an irgendwelchen Klippen herum, nur zum Tennisspielen sind sie nicht gekommen. Ich glaube, dazu waren ihnen die 13 Meter vom Heck bis zum Bug als Tenniscourt einfach zu klein.

Zwei Wochen lang drehte sich bei uns an Bord alles um Sport. Wenn die Crew nicht gerade aktiv war, denn redete sie zumindest darüber. Ich bekam schon vom Zuhören einen Muskelkater. Und wenn gar nichts mehr ging, dann wurde an einem winzigen tragbaren TV-Gerät so lange herumgedreht, bis die Batterien einen grobkörnigen Lendl oder ein paar unscharfe Fußballer hervorwürgten.

Ach ja, gesegelt sind wir auch. Aber zu meinem Leidwesen und zum Ärger der Mannschaft ließ sich Äolus 14 Tage lang nicht mehr als dreieinviertel Beaufort abringen, trotz reichlicher Opfergaben.

Und mehr als einmal dümpelten wir in der Flaute. Da waren dann immer ausgelassene Wasserspiele rund ums Schiff angesagt.

Eine Badeleiter gab es auf der JULIA zwar, doch sie zu benützen galt als unsportlich. Ich benützte sie trotzdem. Wer von den anderen an Bord wollte, hangelte sich an der Ankerleine behende wie ein Affe an einer Liane an Deck.

Diese Leine hat die Boys wohl zu dem Versuch angeregt, das Boot in der Flaute mit Muskelkraft zu schleppen. Sechs Man legten sich die Lifebelts an, ich reihte sie wie Schlittenhunde an die Leine an, und los ging's

„Schneller, ich möchte Wasserski fahren", feuerte ich die Burschen an, aber so sehr sie sich auch ins Zeug legten, das Schiff bewegte sich doch nur gerade so schnell vorwärts, daß uns die Testspucke nicht überholte. Der kräfteraubende Versuch wurde daher schnell wieder abgebrochen.

Als wir danach die Muskeln mit einem Vitamin-B-Stoß wieder belebten – B wie Bier und belegte Brote –, erzählte Ferry, daß er schon einmal mit einem Boot im Schlepptau um sein Leben geschwommen sei. „Und es war das erste Mal, daß ich gesegelt bin."

Ferry legte eine Kunstpause ein. Er zupfte dreimal am Abzug seiner Bierdose, weil sie dann angeblich nicht spritzt, riß den Ring wie aus einer Handgranate heraus und genehmigte sich einen gewaltigen Schluck.

Die Einführung in sein allerserstes Segelabenteuer erfolgte im Telegrammstil: „Urlaub am Plattensee. Tihany. Kennt das wer? Macht nichts. Ich mit Frau und Tochter dort. Tochter noch keine zwei Jahre alt. Mutter und Tochter halten nach dem Mittagessen Siesta, ich nicht. Also was tut der Herr in seinem Übermut? Er geht segeln. Hat mich schon immer fasziniert, diese Segelei. Wenn die Boote so knapp vor dem Absaufen sind." Ferry mußte Bier und Brot aus der Hand legen, um 45 Grad Krängung zu demonstrieren.

„Ich hatte zwar keine Ahnung, wie das geht mit dem Segelboot, aber rein vom Zuschauen war ich überzeugt, daß es keine Hexerei sein konnte. Also hab' ich mir ein Boot gemietet und bin los."

„Eine Jolle?" unterbrach ihn Franz.

„Was heißt Jolle? Eine Plastikschüssel mit Mast halt. Ich hatte doch keine Ahnung. Vielleicht war's ein kommunistischer Eigenbau. Ist ja auch egal. Jedenfalls ein Segelboot mit Fock und Groß. Alles war bereit für meine erste Weltumsegelung."

Ferry schob einen belegten Vitaminstoß in die Backe und sprach mit vollem Mund weiter: „Ich bin mir vorgekommen wie Kolumbus: ahnungslos, was mich erwartet. Aber es war ganz leicht. Heute weiß ich, warum: abwegiger Wind."

„Nicht abwegig, ablandig heißt das", unterbrach ihn Franz schroff. „Wirst du dir das nie merken? Ablandig und abwegig ist genauso, wie denn du vergangen sagst und verirrt meinst."

„Okay", tat Ferry zerknirscht. „Mein Fehler. Der Wind war ablandig. Er ist von hi..." Ferry zögerte, wartete auf den Einspruch von Franz, verbesserte sich dann aber selbst: „... von achtern gekommen. Deshalb ist alles so flott gegangen. Ich bin aber nicht weit hinausgefahren. Nur ein Stück, dann bin ich vor der Bucht von Tihany auf und ab gekreuzt. Das war auch noch leicht. Halber Wind. Aber davon hatte ich damals noch keine Ahnung. Ich war richtig happy. Hab' La Paloma angestimmt und mich um nichts gekümmert. Die Panik kam erst, als ich merkte, daß ich mich mit jeder Richtungsänderung weiter vom Ufer entfernte. Weil ich immer gehalst habe. Ich habe zwar aufzukreuzen versucht, aber wenn ich höher an den Wind ging, legte sich das Boot immer so gefährlich auf die Seite, daß ich glaubte, ich schmeiß' um. So habe ich mit jeder Halse verloren, was ich auf der Kreuz gewonnen hatte. Ich kam keinen Meter in Richtung Küste voran. O Mann, dachte ich, du hättest doch fragen sollen, wo das Ding den Retourgang hat."

„Also, ich hätte..." setzte Franz zu weisen Überlegungen an, aber Ferry ließ ihn nicht ausreden.

„Mit voller Hose ist leicht stinken", belehrte er seinen Freund. „Heute weiß ich auch, was ich alles hätte tun können. Aber damals hatte ich eben Schiß. Ich wollte nur zurück. Meine Frau sah sich bestimmt schon als Witwe und meine Tochter als Halbwaise. Ich mußte einfach zurück. Und ich sah in meiner Panik nur eine Möglichkeit: schwimmen! Also Segel runter, Schlaufe in die Bugleine, Arm durchgestreckt und ab die Post, Richtung Heimat."

„... Da mußte der Reiter die Mähre tragen", zitierte Franz.

Ferry nickte. „Eineinhalb Stunden lang. Am nächsten Tag hatte ich einen Muskelkater, das war kein Kater mehr, das war ein ausgewachsener Muskellöwe."

„Hört, hört", witzelte Franz. „Unser Mann aus Ferrozement hat keine Muskeln unterm Hemd."

„Was hat denn der Bootsverleiher gesagt, als du so angeschwommen kamst?" wollte ich wissen.

„Der hat das gar nicht mitgekriegt. Hat seine Levonzen kassiert, und damit war die Sache für ihn erledigt. Für mich nicht, denn zwei Wochen später habe ich einen Segelkurs gebucht."

„Kolumbus auf der Alten Donau! Hast du wenigstens was gelernt?" ätzte Franz.

„Eines auf jeden Fall: daß ich immer nachschaue, ob ein Paddel im Boot ist."

„Damit du zurückrudern kannst?"

„Nein, damit ich zuschlagen kann, falls ein Blödmann wie du versucht, an Bord zu klettern."

Warum mir bei der Geschichte vom Mann, der sein Boot schleppte, immer eine andere Story einfällt, weiß ich nicht. Offenbar sind beide in meinem Kopf mit dem Schildchen „skurril" gekennzeichnet und treten deshalb als Zwillinge auf. Sonst haben sie nämlich nichts gemeinsam.

Die Schnurre trägt den Titel „Der Taucher in der Badewanne", ist aber kein modernes Seglermärchen, sondern eine wahre Geschichte, die Walter mir und jedem, der sie hören will, immer wieder gern erzählt. Walter, der Mann mit dem gestörten Verhältnis zum Palstek, ist nicht nur Segler, sondern auch begeisterter Surfer, einer von denen, die erst bei Windstärke fünf aufs Brett steigen, bei sechs von Wind sprechen und bei sieben richtig in Fahrt kommen.

Mit solchen vergnüglichen Windverhältnissen kann man in Österreich fast nur im Frühling oder im Herbst rechnen, Jahreszeiten, in denen selbst der knapp lackentiefe Neusiedler See von zapfiger Frische ist. In Verbindung mit dem Wind wird da Surfen schnell zu einem Sport „on the rocks", etwas für gestandene Warmblüter mit guter Ausrüstung.

Ein normaler Surfanzug, unter dem man eine Badehose und nur die nackte Haut trägt, ist etwas für Sommersurfer. Um im kalten Frühling und Herbst Leib und Seele vor Unterkühlung zu bewahren, legte sich Walter deshalb einen gebrauchten Trockentauchanzug zu, gekauft von einem, der erkannt hatte, daß es im warmen Bett mindestens ebenso aufregend sein kann wie im kalten Wasser.

„Mein Problem war nur das Wetter", erzählte Walter. „Im Sommer konnte ich den Anzug nicht ausprobieren, bei der Hitze wäre ich darin glatt umgekommen. Und im Herbst war entweder kein

Wind, oder ich hatte keine Zeit, zum See zu fahren. Ich hatte mit dem Verkäufer aber eine Probezeit vereinbart, in der ich testen wollte, ob der Anzug auch wirklich dicht war. Also, was blieb mir anderes übrig? Ich füllte die Badewanne, schlüpfte in meinen Tauchanzug und legte mich ins eiskalte Wasser."

„Und?"

„Und dann ist mein Vater nach Hause gekommen. Er hatte wegen der Surferei schon immer den Verdacht, daß ich ein wenig übergeschnappt war. Jetzt ist er überzeugt davon."

Die entscheidende Frage, ob der Anzug wirklich dicht war, konnte Walter allerdings bis heute nicht klären. Denn der Test in der Badewanne schien ihm wenig aufschlußreich, weil doch beim Surfen ganz andere Bedingungen gelten. Ein Sturz aus rasender Gleitfahrt ins Wasser sei in der Badewanne nun einmal nicht zu simulieren, meinte er. Zum Surfen sei er aber, seit er die Ausrüstung habe, nicht mehr gekommen. Deshalb dachte er bereits daran, das gute Stück wieder zu verkaufen. Aber wer kauft schon Surfzeug, wenn es in der Anzeige heißt: „Taucheranzug, badewannenerprobt"?

Die Bucht der streitenden Wirte ist unter diesem Namen in keiner Seekarte zu finden. Aber wir, meine Crew und ich, haben der Uvala Stiniva an der Nordküste von Hvar diesen Namen mit gutem Grund gegeben.

In der Bucht, die über eine kleine Mole verfügt, gibt es zwei Wirtshäuser – oder besser gesagt, zwei Fischbrater mit Weinausschank. Das wußte ich nicht, als ich zum ersten Mal dort einlief. Ich sah nur zwei ältere Männer, die gierig darauf lauerten, unsere Leinen zu übernehmen. Der balkanisch Schnauzbärtige war der flinkere, doch leider mußten wir die Leine wieder einholen, weil der Anker slippte.

Das zweite Manöver klappte. Die Leine flog auf die Mole, direkt vor die Füße des anderen Mannes, der grauhaarig und gebeugt, doch sehr agil wirkte. Aber noch ehe der Graukopf das Ende zu fassen bekam, sprang der Schnauzbärtige herbei und stieß seinen Konkurrenten ins Wasser. Einfach so. Der Schnauz gewann damit zwar den Kampf um die Leine, nicht aber unsere Sympathie. Wir kehrten beim Verlierer ein, der sich für diese Fairness mit reichlich Slibo bedankte.

Die Bucht, die durch diesen feuchten Zwischenfall zu einem neuen Namen gekommen ist, erlebte am nächsten Morgen noch eine märchenhafte Einlage.

Ich war mit der Crew von Tucepi, drei Seemeilen südlich von Makarska, herübergesegelt; die Stiniva war unser erster Stopp und das Frühstück das erste, das an Bord eingenommen wurde. Ich war mit den Gewohnheiten der Crew noch nicht vertraut und zuckte deshalb heftig zusammen, als plötzlich eine Untertasse knapp an meinem Kopf vorbei über die Reling flog und im Wasser landete. Wortführer Heinz hatte seinen Teller, von dem er eben noch Eier mit Schinken weggeputzt hatte, wie eine Frisbeescheibe über Bord geschleudert.

Mein Versuch, die Untertassenaktion durch einen Appell an die Vernunft zu stoppen, wurde mit einem Lacher quittiert. Und durch weitere Starts.

Was macht man als Skipper in so einem Fall? Einschreiten? Gute Miene zum bösen Spiel?

Weil die anderen Crewmitglieder über jeden Start und jede gelungene Wasserlandung herzlich lachten, beschloß ich, mich der allgemeinen Heiterkeit anzuschließen. Ich lachte mit. Aber es muß sehr gequält ausgesehen haben, denn zwischen zwei fliegenden Untertassen klopfte mir Heinz beruhigend auf die Schulter und tröstete mich: „Skipper, mach' dir nicht in die Hosen, wir waschen das Geschirr nur ein bißchen vor."

Aber nichts geschah. Die Girls und Boys warfen Besteck und Kaffeetassen den Tellern nach und gingen dann seelenruhig zur ersten Zigarette und zum ersten Bier über.

Ich saß wie auf Nadeln. Zwar sah ich das Geschirr am Grund der vier bis sechs Meter tiefen Bucht glitzern, aber die Zauberformel, mit der ich es wieder heraufbringen konnte, fiel mir nicht ein.

Erst als ich nach gut eineinhalb Stunden zum Aufbruch mahnte, sprach Oberuntertassenwerfer Heinz die erlösenden Worte: „Also gut, dann räumen wir den Geschirrspüler halt wieder aus."

Minuten später tummelte sich die gesamte Crew im klaren

Wasser, sammelte Besteck, Tassen und Teller ein und brachte bis auf eine Gabel alles zurück an Bord. Erst jetzt bekam ich eine Erklärung: „Wir sind nämlich alle in einem Tauchklub, und da machen wir immer solche Spielchen. Das mit der Gabel tut uns leid, aber wir kaufen dir eine neue."

Ich mag keine nackte Crew. Freiheit der Meere hin und Urlaub her, wenn die Crew in Adam und Eva macht, bin ich der Engel mit dem Feuerschwert, der ihr den Mietvertrag im Paradies kündigt. Raus mit dem Pack.

Damit ich recht verstanden werde: Ich habe nichts gegen nahtlose Bräune und die Art, wie man sie erwirbt. Ich bin auch dabei, wenn Manderl und Weiberl splitterfasernackt ins Wasser springen; beim Baden habe ich gegen Nacktheit nichts einzuwenden. Und es ist auf einem engen Schiff manchmal auch nicht zu vermeiden, daß man sich vor den Augen anderer die Wäsche vom Leib reißen muß. Charterschiffe verfügen nur selten über raumgreifenden Komfort. Meist sind die Kojen so niedrig und die Kabinen so eng, daß man schon beim Sockenanziehen an die Öffentlichkeit treten muß.

Nein, wer verbergen will, daß ihm bei der Metamorphose vom Frosch zum Prinzen die Froschschenkel geblieben sind, ist auf einem Charterschiff schlecht aufgehoben.

Ich scheue mich auch nicht vor direktem Körperkontakt, schon gar nicht, wenn die Dame hübsch ist. Es ist mir auch schon passiert, daß mir eine bockige Welle ein gestandenes Mannsbild in die Arme geworfen hat. Oder mich ihm. Damit kann ich leben. Damit muß man auf einem Schiff immer rechnen. Aber was ich partout nicht leiden kann, sind nackte Crews. Evas, die nur das Adamskostüm als Bordbekleidung kennen, sind mir dabei genauso suspekt wie Männer, die vorgeben, ohne Hemmungen zu sein, dabei sind sie nur ohne Hose. Das hat mit Ästhetik nichts zu tun und schon gar nicht mit dem Sicherheitsrisiko.

Just so eine Crew begann mich und meine Chartergäste zu nerven, als wir in Scedro vor Anker lagen, nicht in der Nähe des Hauses mit der Palme, sondern in einem der anderen Finger der Bucht, wo man es zwar weiter zum Wirt hat, wo es aber ruhiger ist.

Die paradiesisch nackte Crew kreuzte mit ihrem Taiwanklipper RHAPSODE am späten Nachmittag auf. Rhapsoden wurden im alten Griechenland die fahrenden Sänger genannt, die Crew machte diesem Schiffsnamen aber keine Ehre. Kaum daß die Nackten in unserer unmittelbaren Nähe den Anker geworfen hatten, begannen sie zu saufen und zu grölen. Ob sie deshalb oder aus einem anderen Grund aus dem Paradies verjagt worden waren, konnten wir nicht ergründen; augenscheinlich war nur, daß sie nicht ganz freiwillig gegangen waren, denn der Engel mit dem Feuerschwert hatte bei allen deutliche Spuren hinterlassen. Ihre Backen, ich meine die hinteren, sowie alle anderen Körperteile, die sonst nie die Sonne sahen, waren feuerrot.

Unsere Abneigung gegen die Nachbarcrew wuchs noch, als die Paviane – der Vergleich drängte sich auf – uns lautstark zu einem Trinkgelage auf ihr Schiff einluden. Nicht etwa höflich, sondern mit gegrölten Aufforderungen wie: „He, ihr da von der THISPE, kummt's uma und bringt's eure Katzen mit!"

Mit „Katzen" waren die sanften, zweibeinigen Schmusetiere gemeint, mit denen wir in paradiesischem Frieden an Bord zusammenlebten.

Die Einladung lehnten wir anfangs höflich ab: „Danke, wir kommen mit unseren Damen und unseren Drinks ganz gut allein zurecht."

Mit fortschreitendem Abend und steigender Alkoholisierung der Paviane wurden die Einladungen direkter. Und unsere Ablehnungen auch. Selbst als die Paviane ein Beiboot mit Außenborder herüberschickten, blieben wir hart: keine Einladung, keine Verbrüderung, nicht einmal ein kleiner Freundschaftsschluck. Der Emissär – er trug sogar eine Badehose – mußte unverrichter Dinge zur RHAPSODE zurückkehren.

Das wollten die Paviane einfach nicht akzeptieren. Bis in die späte Nacht hinein flogen immer wieder Aufforderungen und Einladungen zu uns herüber, die zu wiederholen mir meine Klosterschulerziehung verbietet. Was wir dabei schon nicht mehr hören konnten, war die stereotype Einleitung: „He, ihr da von der THISPE..."

Am nächsten Morgen war, wie man so schön sagt, die Blunze von der anderen Seite gefüllt. Während wir fröhlich frühstückten und anschließend nackt im Wasser pritschelten, lagen die Nackten im Koma. Der eine oder der andere versuchte zwar, mit Kaffee und Kompressen Kopfweh und Kater zu vertreiben, doch als die Sonne unbarmherzig höher stieg, war auf der RHAPSODE nichts mehr zu hören. Die immer noch oder schon wieder nackten Alkoholleichen der Paviane lagen zwanglos übers Deck des Klippers verteilt.

Da kam mir eine böse Idee.

So leise wir konnten machten wir uns segelfertig, starteten die Maschine und holten, um nur ja niemanden zu stören, nicht elektrisch, sondern Hand über Hand den Anker auf. Dann drehte ich ein Ringerl, so daß ich mich von der anderen Seite der RHAPSODE näherte. Ich manövrierte die THISPE so dicht heran, als wollte ich längsseits gehen. Dann, als wir genau auf gleicher Höhe waren, gab ich Gas, gleichzeitig stieß mein Co-Skipper einmal lang ins treibgasbetriebene Nebelhorn.

„Tuuuuuuuuuuuut!“

Das tat weh!

Die Paviane fuhren erschreckt in die Höhe. Sie hätten sich bestimmt auf uns gestürzt und uns mit bloßen Händen erwürgt, wären wir nicht schon außer Reichweite gewesen. Dabei wollten wir uns doch nur verabschieden. Dazu war die ganze Crew an der Reling angetreten und rief artig im Chor: „He, ihr von der RHAPSODE, grüß euch!“ Die Bierdosen, die uns von drüben nachgeschleudert wurden, erreichten ihr Ziel nicht. Die Paviane hätten volle nehmen sollen. Leere Dosen fliegen nicht gut.

Wenn im Spätherbst die Erinnerung an solche und andere Törnerlebnisse zu verblassen beginnt, dann wird es Zeit, sie mit ein paar kitschig-bunten Diapositiven wieder aufzufrischen und mit ein paar Tropfen geharzten Weins bis zum nächsten Sommer zu fixieren. Dieses Crewtreffen ist zumindest für meine Leute ein Pflichttermin, nicht weil jeder sehen will, ob die Dias der anderen besser oder schlechter geworden sind als die eigenen, sondern weil um diese vorweihnachtliche Zeit die Kojen für die nächste Saison vergeben werden. Das wehmütige „Es war einmal“, das die Wiedersehensfreude mit Projektorbeleuchtung auslöst, geht nun nahtlos in die Vorfreude auf den nächsten Törn über.

Ich veranstalte diese Treffs nicht für jede Crew einzeln, sondern lade alle zum gleichen Termin ein; außerdem alle, die Interesse am Segeln zeigten oder mich wissen ließen, daß sie gern einen Törn mitmachen würden. Diese Mischung aus alten Crewmitgliedern und solchen, die es werden wollen, hat sich bewährt. Wenn die alten Salzbuckel nach dem dritten Glas Retsina mit leuchtenden Augen in der Erinnerungskiste kramen, wenn sie mit geblähter Brust von Windstärken erzählen, denen sie, am Steuerrad festgekrallt, getrotzt haben, wobei sie das Ganze noch mit Seemannsgarn verbrämen, daß der Weißwalfänger Ahab zur Landratte verkommt, und wenn dazu bunte Bildchen von der Leinwand herab unbeschwerte Urlaubsfreuden und sonniges Badevergnügen suggerieren, dann brauche ich mir um die nächsten Buchungslisten keine Sorgen zu machen.

Das herbstliche Seglertreffen ist sozusagen der Teig, aus dem die Crews geformt werden. Die Zutaten: zwei Segler, die bisher aus Termingründen nie gleichzeitig aufs selbe Schiff konnten, ein Navigator auf der Suche nach einem neuen Revier und einer neuen Aufgabe und ein Neuling, der glaubt, noch etwas lernen zu können. Dazu zwei, drei Badegäste als Zucker, ein Smutje als Zimt, das Ganze warmhalten und rasten lassen – fertig ist die Crew.

Ob was draus wird, zeigt sich wie bei jedem Kuchen erst nach dem Backen in der Sommerhitze. Wenn nicht, kommt die ganze Mischung im nächsten Jahr zurück in den Topf, um durch eine Metamorphose erneut zu entstehen.

Wie wichtig bei diesem Rezept die Badegäste sind, weiß niemand besser als ein Charterskipper. Denn immer dann, wenn ein Törn routinemäßig abläuft, liefern gerade die Nichtsegler Einlagen, an die man sich noch Jahre später erinnert.

„Das vergessene Mariechen" beispielsweise klingt wie der Titel eines Märchens der Brüder Grimm, ist aber eine wahre Geschichte aus den Anfangstagen meiner Skippertätigkeit. Mariechen war schon eine Woche an Bord, als wir in Opatija festmachten, um einen fliegenden Crewwechsel vorzunehmen. Das heißt, drei Mann gingen von Bord, drei andere, die schon bereitstanden, kamen aufs Schiff. Ein längerer Aufenthalt war nicht geplant und auch nicht möglich, weil die kurze Mole von Opatija auch von Fährschiffen benutzt wird. Aber kaum hatten wir die Leinen belegt, wollte jeder der Crew nur mal schnell telefonieren, Postkarten kaufen, ein Eis holen, Briefmarken kaufen, Obst besorgen, ebenfalls Postkarten und Marken kaufen, ebenfalls Eis schlecken, Briefe einwerfen, ebenfalls telefonieren, unbedingt noch eine Karte...

Dieses Phänomen tritt bei Chartergästen häufig auf. Da liegt man oft einen halben Tag, die ganze Nacht und noch den nächsten Vormittag in einem Hafen; die Crew hat genug Zeit, um in die Stadt zu gehen, Souvenirs zu besorgen und einzukaufen. Aber kaum will man wieder lossegeln, meldet sich einer nach dem anderen ab, um noch ganz schnell...

Nicht alle zusammen, nicht zu dritt, nicht paarweise, sondern einer nach dem anderen. Und die Begründung ist immer die gleiche: Da der und der ohnedies noch nicht zurück ist, könnte man doch in der Zwischenzeit...

Als in Opatija endlich alle an Bord waren, meldete sich wirklich in letzter Sekunde eine mahnende Stimme: „Wir haben vergessen, Klopapier einzukaufen. Das brauchen wir unbedingt. Soll ich noch schnell...?“

Wenn ich den jetzt losrennen lasse, geht das ganze Theater von vorne los, überlegte ich. Dann kommen wir nie mehr weg. Aber Klopapier brauchten wir. Daher entschied ich: „Alle bleiben an Bord, ich gehe selbst. Ich weiß, wo das Geschäft ist, und bin in ein paar Minuten zurück.“

Ich ließ das Boot in der Obhut meines Co-Skippers und sprintete los. Im Laufschritt hinauf zur Hauptstraße, links herum, hinein ins Geschäft, Klopapier unter den Arm, Geld auf den Tisch, im Joggingstyle wieder zurück. Am Horizont die andampfende Fähre.

Ich springe an Deck, wir starten den Motor, werfen die Leinen los, und ab geht die Post. Ich inspiziere alles unter Deck – wir sind tatsächlich segelfertig. Also rauf mit der Wäsche!

Super! Halbwindkurs. Äolus pustet ordentlich in die Segel, das

Schiff bedankt sich mit einer Verbeugung nach Backbord, wir trimmen noch ein bißchen nach, rauschen an der Fähre vorbei, dann habe ich endlich Zeit, den Manöver- und den Begrüßungsschluck zu kombinieren, um damit die Neuen willkommen zu heißen. Mariechen ist mir noch nicht begegnet, aber sie hat sich ja oft in ihre Koje zurückgezogen, gerade bei Manövern.

Sie hätte mir auch danach noch nicht gefehlt, hätte nicht einer der Neuen, der bei der Törnbesprechung ein Auge auf sie geworfen hatte, nach ihr gefragt.

„Mariechen!" Der Ruf ins Niedergangsluk blieb unbeantwortet.

„Maria?" Wie aus der West Side Story klang der Ruf rund ums Schiff in alle Luken. Keine Antwort. Kein Mariechen. Jetzt erst meldete sich Michael, mein Co, schuldbewußt: „Ich glaube, die haben wir vergessen. Sie ist nach dir von Bord gegangen, sie wollte nur schnell..."

„Okay", seufzte ich, „segeln wir zurück."

Eine gute Stunde nach dem Ablegen lagen wir wieder an der Mole. Mariechen saß brav auf einem Stein. „Ich war keine hundert Meter vom Boot weg", stammelte sie ihre Entschuldigung. „Aber ein Bus hat mir die Sicht verstellt. Ich habe geglaubt, du mußt an mir vorbei, wenn du mit dem Klopapier zurückkommst. Dabei hab' ich dich wohl verpaßt. Als ich's gemerkt hab', seid ihr schon außer Rufweite gewesen." Wir halfen ihr an Bord. Gerade als wir wieder ablegen wollten, meldete sich einer der Neuen, der offensichtlich nichts mitgekriegt hatte: „Weil wir schon mal da sind: Ich müßte eigentlich noch schnell..."

„Leinen los!" brüllte ich und gab Gas. Erst nachdem die Festmacher an Bord waren, wandte ich mich dem Neuen zu. „Was hast du gesagt?"

„Ich hab' nur gemeint... Ach, vergiß es. Das hat bis morgen Zeit."

Seither lasse ich jedesmal vor dem Ablegen durchzählen.

Es gibt ein Problem, mit dem hat die Seefahrt schon seit Odysseus' Zeiten und länger zu tun: das Trinkwasser. Wie viele Amphoren des quellfrischen Naß' man auch an Bord nahm, es war immer zu wenig. Heute hat sich das Problem verschärft. Es gibt zwar Mittel, das Wasser in den Tanks länger frisch zu halten, aber im Gegensatz zu unseren Altvorderen brauchen wir das Trinkwasser kaum noch zum Trinken, sondern vielmehr um zu duschen. Besonders auf Charterschiffen.

Ich lache immer hell auf, wenn ich in Prospekten von Wassertanks mit 200 oder 250 Liter Fassungsvermögen lese. Ich habe auf der THISPE mehr als eine Tonne Wasser gebunkert und bin auch damit nicht mal eine Woche ausgekommen.

Wo das Wasser hingeraten ist?

Verpritschelt!

Von Leuten wie der „Pritschl-Gittl".

Als Charterskipper hat man es mit solchen Leuten schwer. Einerseits will man ihnen den Komfort bieten, den man ihnen vor der Buchung versprochen hat – „Dusche warm und kalt, zu jeder Tages- und Nachtzeit" –, andererseits will und kann man nicht jeden zweiten Tag einen Hafen anlaufen, um Frischwasser zu übernehmen. Also beginnt man mit Appellen an die Vernunft: „Leute, wir haben nur einen knappen Vorrat Wasser an Bord. Wir müssen uns einschränken."

Der Appell verrauscht so schnell wie eine Klospülung.

Zehn Minuten später erscheint Pritschl-Gittl frisch geduscht und gestylt an Deck. Sie legt sich in die Sonne, geht kurze Zeit später ins Wasser, verschwindet wieder in der Dusche. So ein Zyklus dauert knapp eine Stunde. Am Abend vor dem Ausgehen, zu später Stunde nach dem Heimkommen, ununterbrochen knattert die kleine Pumpe, die das süße Naß aus dem Tank in die Dusche befördert.

„Gitta, kannst du nicht etwas sparsamer . . .?"

„Wieso? Haben wir nicht genug Wasser?"

„Für die Hin- und Rückfahrt reicht das, was da draußen ist", beruhige ich sie, „da brauchst du dir keine Sorgen zu machen. Aber zum Duschen haben wir nur drei kleine Tanks, und davon ist einer schon leer. Also bitte, denk' daran." Sie verspricht es.

Und verschwindet in der Dusche. „Nur schnell..."

Am Dienstag sind alle drei Tanks leer. Am Donnerstag wieder. Am Samstag wieder. 3150 Liter für acht Personen. Getrunken haben wir davon keinen Tropfen.

Im nächsten Jahr ist Gitta wieder dabei. Auf einem anderen Schiff, mit kleineren Tanks. Ich bitte sie eindringlich, sich zurückzuhalten. Sie tut es auch. Wir kommen mit 380 Liter bis Mittwoch aus. Aber Pritschl-Gittl leidet sichtlich unter dem Wassermangel. Immer wieder netzt sie sich demonstrativ Hände und Stirn. Alle sollen sehen, wie sparsam sie mit dem Wasser umgeht.

Dann hängen wir auf der griechischen Insel Astipleia endlich am Schlauch. Solange wir noch bunkern, springen drei Mann nacheinander unter die Dusche. Was unten herausrinnt, soll anschließend oben gleich wieder nachgefüllt werden. Kostet das gleiche Geld.

Ich versuche Gitta zu versöhnen: „Wenn du jetzt duschen gehst, dann kannst du endlich wieder mal ausführlich pritscheln."

Dankbar befolgt sie meinen Rat, packt ihre Seifen und Gels zusammen und verschwindet im Duschraum. Aber kaum hat sie begonnen, macht ausgerechnet ihr die Technik einen Strich durch die Rechnung. Die Lichtmaschine ist im Eimer, die Batterie schwach. Mein Zangler rät, sofort alle Komfortsysteme stillzulegen, auch die Süßwasserpumpe. Gitta darf nur noch Seife abspülen. Dann ist es vorbei mit dem Duschen.

„Scheiße!" Gitta macht ihrem Herzen ganz unfein Luft. „Zuerst sind die Tanks leer, und ich kann nicht duschen. Jetzt sind die Tanks voll, und ich kann wieder nicht. Auf was für einen Seelenverkäufer bin ich da geraten?"

Wir segelten nach Naxos. Dort bauten wir drei Tage später eine neue Lichtmaschine ein, die uns der Eigner des Schiffes geschickt hatte. Kaum funktionierte sie, stand Gitta schon bereit. „Darf ich jetzt?"

„Na klar. Wir werden alle duschen."

Dankbar und erleichtert verschwand sie wieder einmal in der Dusche.

Pause...

Dann passierte, was wirklich nur Gitta passieren konnte. Gerade als sie Shampoo aus den Haaren und Duschgel vom Körper spülen wollte, machte es blub-blub, und danach kam kein Tropfen mehr aus der Leitung.

Gitta stieß einen Schrei aus, der bis auf die Burg von Naxos zu

hören gewesen sein muß. Die folgenden Flüche waren glücklicherweise so gekreischt, daß sie nicht zu verstehen waren.

Sekunden später stürzte eine shampoonierte und gelierte nackte Furie aus der Dusche und verlangte bedingungslos Wasser. Ich schubste sie in den Duschraum zurück, riß hastig das Bodenbrett heraus und schaltete die Wasserzufuhr auf einen anderen Tank um.

Nachdem die drei Mann in Astipleia geduscht hatten, hatten wir nämlich in der Aufregung über die Lichtmaschine vergessen, den dritten Tank wieder ganz aufzufüllen. Er faßte nur 80 Liter und war daher so gut wie leer.

Pritschl-Gittl hat sich zwar wieder beruhigt, aber sie glaubt mir bis heute nicht, daß das Malheur nicht inszeniert war.

Solche Schilderungen könnten den Eindruck erwecken, daß ich Leute wie Prischl-Gittl, Mariechen oder Miriam, die Weintraubenfriseurin, lieber nicht an Bord hätte. Der Eindruck ist falsch, grundfalsch.

Ich liebe diese Figuren. Sie gehören zum Schiff wie die klammen Polster in den Kojen, wie die ausgebissenen Plastiktassen in der Pantry oder die halb durchgewetzten Leinen in der Backskiste.

Auch wenn sie keine anderen guten Eigenschaften hätten, würde das bißchen Ärger, das sie mitunter bereiten, schon durch ihre Originalität aufgehoben.

Aber sie haben!

Nehmen wir die Wassernymphe Gitta.

Sie war, sonnengebraten und appetitlich braun, nicht nur eine Zierde unseres Vorschiffs, die es auf jeder Viermast-Bark als Galionsfigur zu Südsee-Ehren gebracht hätte, sondern sie war auch ein Talent auf dem Gebiet der Alleinunterhaltung. Wer sonst hätte es wie selbstverständlich fertiggebracht, einen Haufen stocksteifer britischer(!) Flottillensegler zu einer Tanzparty auf der Mole von Stari Grad zu bewegen?

Gitta hatte unser Kerzen-und-Musik-Anlegemanöver, das von den Flottillenseglern offenmäulig bewundert wurde, zu einem Tänzchen auf dem Achterdeck genutzt. Mit ein paar gekonnten Tanzschritten und einem fleckerlwalzererprobten Partner weitete sie die Tanzfläche über die Passarella auf die Mole aus. Dort drückte sie ihren Partner einer mit allen Sommersprossen kichernden Engländerin in die Hand und walzte selbst mit einem frühvergreisten Anglohippie los. Der Grauschimmel mit dem Stirnband begriff sofort. Er reichte, nachdem er sich eingetanzt hatte, Gitta prompt an ein männliches Mauerblümchen in Bermudashorts weiter, um sich wie ein Eintänzer alten Schlags von unserer Reservebank zu bedienen. Im Bäumchen-wechsle-dich-Stil ging's weiter, bis auch der letzte flotte Flottillenbrite den Dreivierteltakt aufgenommen hatte. Das Tänzchen endete abrupt, als das Band durch war. Ein Versuch, die Party mit Hilfe der Rückseite wieder aufleben zu lassen, scheiterte am britisch kühlen Temperament. Die Ladies und Gentlemen hatten ihre Spontaneität bereits verausgabt, da halfen auch Gittas aufreizende Hüftschwünge nichts.

Mächtig stolz war ich auch, als die THISPE über ein bordeigenes Kammerorchester verfügte, das sich weder durch Flaute noch durch Schwerwetter davon abhalten ließ, regelmäßig Konzerte zu geben. An die erste Probe dieses Klabautermann-Ensembles erinnere ich mich allerdings mit Schrecken.

Wir waren damals nach einem ausführlichen Stadtbummel durch Rab erst am späten Vormittag Richtung Piran ausgelaufen. Da wir etwas in Eile waren, hatten wir auf das Mittagessen verzichtet, was rückschauend betrachtet sehr vorausschauend war. Denn kaum hatten wir die vier Türme des Städtchens aus den Augen verloren, da stürmte eine Gewitterfront heran, die der Crew alles abverlangte: den einen das Frühstück, den anderen Schwerstarbeit beim Reffen und Segelbergen. Ich kam jedenfalls nicht zur Ruhe.

Die Folgefronten zogen schneller durch, als wir die Segel wechseln konnten, deshalb entschieden wir uns, in Mali Losinj eine Verschnaufpause einzulegen, zumal der Navigator die Frage nach der ETA eindeutig mit: „Taverna est aperto“ beantwortete.

Ein Kilo Scampi alla griglia samt Beilagen, Bier und Rotwein brachte auch die Maroden wieder auf die Seemannsbeine. Die Gewitterfront zog mittlerweile ab, deshalb holten wir kurz nach der Sperrstunde den Anker wieder auf und segelten fröhlich in die Nacht hinaus.

Wie bei jeder Nachtfahrt hatte ich sicherheitshalber ein Strecktau gespannt, das erste Reff eingebunden und der Crew Lifebelts verordnet. Die erste Bö des berüchtigten Kvarnerwindes traf uns daher vorbereitet. Doch die mit jeder Minute gröber werdende See raffte mir erneut meine Mannschaft dahin. Erst gingen die Scampi samt

Beilagen zurück in die Adria, dann verschwand ein Crewmitglied nach dem anderen in der Koje. Zum Schluß war ich mit dem Navi allein.

Umkehren?

„Nein. Wenn wir noch zehn Grad abfallen, schaffen wir es leicht“, bereitete ich den Navigator auf eine lange Nacht vor. Mit Tee, Packerlsuppe, Crackers, Schokolade und einem frühen Schluck aus der Wodkabottle schafften wir die Ölzeugpartie.

Kurz nach Sonnenaufgang war der Windspuk vorbei – wie abgedreht. Ich mußte die Maschine starten. Jetzt grub sich die Crew erst richtig in die Polster. Es dauerte daher bis halb zehn, ehe sich die Mannen bei jetzt wieder spiegelglatter See zum Frühstück an Deck sammelten.

Ich hatte die Müdigkeit bereits wieder überwunden. Das fröhliche Geplauder und mehr Tee möbelten mich zusätzlich auf.

Aber nur für ein paar Stunden, dann verfiel ich merklich. Als ich die Pointen auch der müdesten Witze nicht mehr mitbekam, beschloß ich mich zurückzuziehen. Wir hatten wieder Segel gesetzt, ein sanfter Dreier gab der THISPE stimulierende Leelage und sorgte für beruhigendes Geplätscher an der Bordwand. Da dauerte es bei mir nur Sekunden, bis ich mich mit Morpheus verbrüdert hatte.

Ich war gerade dabei, mir eine Eintrittskarte zu seiner Tiefschlafregion zu kaufen, da holte mich sein Türsteher zurück. „Keine Musik hier unten“, herrschte er mich an. „Aber . . .“ wollte ich protestieren, doch er stieß mich brutal in die Halbschlafabteilung zurück. Tatsächlich, jetzt hörte auch ich, was ich nicht hören wollte.

„Aber das ist doch keine Musik“, protestierte ich noch einmal. „Das ist . . . Gekrächze!“

Eine Melodie?

La Paloma? Ja, ausgerechnet La Paloma. Gekrächzt. Nein, viel ärger. Hellwach konnte ich es einordnen: Es war La Paloma, auf dem Kamm geblasen. Und falsch dazu. Aber das war gar kein Kamm, es war ein ganzes Kammerorchester. Wütend sprang ich aus der Koje zum Niedergang und wollte zu meinem Protestschrei ansetzen, da empfing mich fröhliches Gejohle der Crew. Gitta stürzte auf mich zu. „Guten Morgen, Kapitan! (sie nennt mich immer

Kapitan) Hast du ausgeschlafen? Wir haben schon auf dich gewartet. Du bist nämlich Erster Pfeifer in unserem Bordorchester."

Ich mußte einen sehr verschlafenen Eindruck machen, denn Gitta half mir vorsorglich aus dem Niedergang und wies mir einen Platz im Cockpit zu. Aber so verschlafen konnte ich gar nicht sein, um nicht zu erkennen, was da während meiner Dunkelphase gelaufen war. Die hatten eine Flasche . . .

Gitta ließ mir keine Zeit zum Überlegen. Sie drückte mir ein kleines Plastikpfeiferl in die Hand. „Da brauchst du nur hineinzusingen", erklärte sie mir. Den Rest verstand ich nicht mehr, denn sie hatte ihr eigenes Pfeiferl zwischen die Lippen genommen, und schon klang alles, wie auf dem Kamm geblasen.

Ich versuchte einen Ton und einen zweiten. Gitta schien zufrieden zu sein. Ich durfte noch meine Lippen befeuchten, dann ging die vielharmonische Probe weiter.

„Wie lange habe ich denn eigentlich geschlafen?" fragte ich in einer Pause meinen Nachbarn.

Er antwortete zwar, doch ich verstand ihn nicht, weil er vergessen hatte, sein Pfeiferl aus dem Mund zu nehmen.

Da erst fiel mir auf, daß ich ihn auch durch das Pfeiferl gefragt hatte.

Wo immer ein Schiff an einer Mole anlegt, finden sich sofort ein paar Schaulustige, die das Manöver interessiert verfolgen. Segelboote sind bei diesen Sehleuten besonders beliebt, weil sie mit all den Leinen und Fallen auf Außenstehende einen komplizierten Eindruck machen. Meist sind es Urlauber, die von einem geglückten – und mehr noch einem mißglückten – Anlegemanöver Abwechslung in ihrem sonnengebleichten Ferienalltag erwarten.

Das ist nur zu verständlich.

Da stürmen sie schon vor acht Uhr früh los, um ihren Stammplatz am Strand zu sichern und mit Liegetüchern und Badetaschen abzugrenzen. Von dieser sportlichen Leistung total erschöpft, sinken sie für den Rest des Tages in eine Art Dämmerschlaf, aus dem sie nur das Klingeln des Eismanns, der zu früh knurrende Magen und der zu spät erkannte Sonnenbrand wecken.

Ich verstehe die Leute: Wenn ich nach einem so langen Tag im heißen Sand oder auf der harten Holzpritsche endlich dem Urlaubsstraflager entfliehen könnte, würde auch ich jede Art Abwechslung willkommen heißen. Leider geht es den am Urlaubsort Gefangenen nicht viel besser als den Häftlingen in Strafanstalten. Denn was den Kriminellen der Gefängnishof, ist den Urlaubshäftlingen das Stück Hauptstraße in der Hotelsiedlung, die kurze Strandpromenade oder die mickrige Piazza eines dreißig alte Seelen zählenden Dorfes, dessen drei Cafés als „originell" bezeichnet werden müssen, weil ihr Standard nicht mal dem der Kreisgerichtskantine entspricht.

Aber ich wollte von den Sehleuten erzählen, die durch ihre Umlaufgeschwindigkeit auf der Mole wettmachen, was an Leuten fehlt, und so jeder einlaufenden Crew den Eindruck vermitteln, sie komme in einen belebten Hafen.

In Trpanj auf der Nordseite der Halbinsel Peljsac war es genauso. Als wir auf der Flucht vor einer aufkommenden Bora in den reizlosen und daher wenig besuchten Hafen einliefen, wimmelte es auf der Uferpromenade von Leuten, die interessiert unser Anlegemanöver verfolgten. Eine halbe Stunde später war die Mole menschenleer. Da hatte wohl jemand im nahen Hotel den Deckel vom Futtertrog genommen.

Später kamen die Hafturlauber wieder. Einzeln oder in kleinen Gruppen absolvierten sie ihren Verdauungsspaziergang, und da wir das einzige neue Schiff im Hafen waren, führte kein Weg an uns vorbei. „Woher kommt ihr?" – „Wohin wollt ihr?" waren immer die gleichen Fragen, die mein Co Michael und ich vom Cockpit aus geduldig beantworteten. Bis zwei ältere Leute auftauchten, unverkennbar Wiener. Eng aneinandergedrückt wie ein Paar bei der 27. Wiederholung der Hochzeitsreise, standen sie auf der Mole und starrten lange ehrfürchtig zu unserem Masttopp hinauf. Die erste Frage hätte ich beantworten können, noch ehe sie gestellt wurde: „Wie hoch ist denn der Mast?"

„18 Meter."

Wieder langes Schweigen und Starren. Dann die zweite Frage, die uns ein wenig verblüffte: „Kann man den zerlegen?"

„Wen, den Mast? Nein. Natürlich nicht. Warum auch?"

„Aber wie geht das denn mit dem Mast und Wien, mit der Donau und den Brücken?“

Jetzt erst konnten wir den Sinn hinter der Frage erkennen. Unser Schiff trug am Heck die Aufschrift „Heimathafen Wien“, weil alle Schiffe unter österreichischer Flagge in Wien registriert werden. Die guten Leute nahmen den Heimathafen wörtlich und fragten sich deshalb, wie man mit einem 18-Meter-Mast all die Donaubrücken zwischen Wien und dem Schwarzen Meer passieren konnte, wenn der Mast nicht zu zerlegen war.

Was sagt man solchen Leuten?

Michael wußte es. Ganz sachlich und ohne rot zu werden klärte er die gutgläubig Lauschenden auf: „Das geht schon: Neustädter Kanal, Mur-Mürzfurche, Drau, Save, und schon sind wir da.“

Wer sich in der europäischen Geographie nur einigermaßen auskennt, der weiß, daß man diese Strecke höchstens mit einem trailerbaren Kanu bewältigen kann. Aber Michael hatte die Brocken mit solcher Selbstverständlichkeit hingeworfen, daß die beiden fast überzeugt waren. Von den Flüssen hatten sie auf ihren Reisen sicher schon gehört, und den Neustädter Kanal, ein amputiertes zweieinhalb Meter breites Relikt aus dem vorigen Jahrhundert, kennt jeder Wiener vom Hörensagen. Da wollten sich die beiden keine Blöße geben.

Dennoch stellten sie die zögernde Frage, die ihnen Gewißheit verschaffen sollte: „Und das geht wirklich?“

Darauf kam Michaels ebenso einfache wie überzeugende Antwort: „Sie sehen ja, wir sind da.“

Das war nun wirklich nicht zu bestreiten. Bedächtig nickend spazierten die beiden davon, wandten aber immer wieder die Köpfe zurück, um auch noch aus anderen Perspektiven unseren Mast zu bewundern.

Ich sah ihnen durch ein Seitenluk nach. An Deck hätte ich es keine Sekunde mehr ausgehalten, ohne vor Lachen zu platzen. Das war wohl das dickste Seemannsgarn, das je verkauft wurde.

Der marinierte Infanteriegeneral

Wovon einem Segler die Zehen weh tun – Frühaufsteher als Skipperschreck – Klabautermanns Schraubendepot – So gefährlich ist Geschirrspülen – Wir heben die TITANIC

Wissen Sie, wovon einem Segler die Zehen weh tun?

Vom . . .

Wenn Sie hier das richtige Wort einsetzen können, dann zähle ich Sie wirklich zu den Insidern, egal ob Sie einen Segelschein mit oder ohne Eselsohren haben. Oder überhaupt keinen.

Ich weiß aus Erfahrung, daß Zehenverletzungen an Bord häufig sind, weil die Leute ja immer alles besser wissen als der Skipper. Der hält sie zwar dazu an, Decksschuhe zu tragen, aber keiner tut's, weil es doch so warm und ohne Schuhe viel angenehmer ist. Aber beim ersten unbedachten Schritt, den vielleicht nur die Bugwelle eines vorbeifahrenden Frachters erzwingt, stehen sie dann überrascht mit blutigen Zehen da. Die blöde Klampe, der dumme Block oder was sonst das Deck verunstaltet, war im Weg. Und ich springe wieder einmal um die Bordapotheke.

Aber diese Art der Verletzung, so schmerzhaft sie auch sein mag, ist nicht die Antwort auf die oben gestellte Frage. Daher noch einmal: Wovon tun einem Segler die Zehen weh?

Vom . . .

Ich muß an dieser Stelle um Verständnis bitten, wenn die Antwort ungewohnt rüde ausfällt, aber da es sich um eine wahre Geschichte handelt, bin ich gezwungen, wörtlich zu zitieren.

Urheber des markanten Zitats war ein Mitglied einer Segelcrew, ein Wiener, ein Mann aus dem Volk. Diese Leute verstehen es ja oft, treffend mit einem Wort auszudrücken, was unter Gelehrten die

Seiten einer Doktorarbeit füllen würde. Sie haben den Kopf nicht voller Wenn und Aber, sondern sagen frei heraus, was ihnen in den Sinn kommt – eine Denk- und Sprechart, die man schon wegen ihrer sicheren Wortwahl bewundern sollte.

Ich habe diesen scharfsinnigen Mann aus dem Volk, diesen Urtyp von einem Segler, nicht persönlich kennengelernt, sondern nur seine Stimme gehört. Sie kam aus einem der Kabäuschen im Toilettentrakt der Marina von Skradin, der wie viele ähnliche Anlagen nicht nur hygienischen, sondern auch kommunikativen Zwecken dient.

Es ist keine Besonderheit von Skradin, sondern in allen südlichen Ländern gang und gäbe, daß die Sperrmechanismen der Denkerklausen nicht funktionieren. Die Lokusgrenze verläuft von Spanien über Südfrankreich, Italien und den Balkan bis in die Türkei. Hier sind die Riegel entweder verbogen, abgebrochen, ausgerissen oder überhaupt nicht vorhanden.

Daß dem so ist, geht auf die ungestüme Art der Benutzung zurück. Ist eine Tür verschlossen (was eigentlich zu erwarten ist), treten viele Männer dagegen, geradeso als würde man ihnen während der Happy Hour den Eintritt in einen Salon verwehren. Der Drangsalierte auf der anderen Seite hat nur die Möglichkeit, dem Druck zu widerstehen oder unverrichteter Dinge das Feld zu räumen.

Aber womit blockiert man die Tür, wenn der Riegel abgebrochen, ausgerissen oder überhaupt nicht vorhanden ist? Ich weiß es, seit jener unbekannte Wiener als Genius Loci eine besonders heftige Attacke auf seine Intimsphäre schmerzhaft abgewehrt und dies seinen Kameraden draußen im Waschraum mitgeteilt hat. Dabei bediente er sich eines unverfälschten Wiener Idioms und der zugehörigen Grammatik: „Jetzt weiß ich, von was mir die Zehen weh tun: vom Scheißen."

Die Unglücksfälle, von denen ich hier berichten will, haben mit dieser Geschichte eines gemeinsam: Es haftet ihnen eine gewisse komische Note an, oder sie sind zumindest – dreimal auf Holz geklopft und über die Schulter gespuckt – glimpflich verlaufen. Auch wenn mir das eine oder andere Mal der Atem stockte, zum Schluß konnten doch alle Beteiligten wieder darüber lachen.

So einen Sekundenschreck mit Adrenalinausstoß hat mir einmal ein gewisser Bärli verschafft, noch dazu auf nüchternen Magen. Dieser Bärli ist ein langjähriger Freund von mir, gerade deshalb hatte ich einige Bedenken, als er sich mit seiner Freundin für einen Törn in die Crewliste eintrug. Bärli, schon ein älterer Herr, ist die unsportlichste Type, die ich kenne. Die dreißig Schritte vom Parkplatz ins Lokal bringen ihn in Atemnot, und alles, was weiter als 200 Meter zu Fuß ist, läßt er sausen. Dabei sind Essen und Trinken seine Stärken. Vor allem das Trinken. Bärli rühmt sich, kein anonymer Alkoholiker zu sein, aber er ist sicher ein erstaunlich standfester Trinker.

Wie Bärli zu dem „li" hinter seinem Spitznamen kam, ist mir unerklärlich, denn nichts an dem Mann verlangt nach einem Diminutiv. Entweder hat er es aus jenen Kindertagen herübergerettet, als die Mutter den kleinen Bären noch in ihren Armen wiegen konnte, oder die Freundin, die ihm das „li" verpaßt hat, muß vor

Liebe so blind gewesen sein, daß sie nur die Hälfte dieses Mannes sah: längs oder quer und ohne die vierzig Kilo Übergewicht.

Sonst ist Bärli der netteste Mensch, den man sich vorstellen kann – vielleicht kommt daher das „li“. Er ist gesellig, witzig und ein hervorragender Koch, alles Eigenschaften, die mich bewogen, ihn doch mit auf Törn zu nehmen.

Bärli machte auch keine Schwierigkeiten. Er verbrachte die meiste Zeit unter Deck bei seinen Töpfen, schlief dazwischen ein bißchen im Schatten an Deck oder in seiner Koje, unterhielt uns auch gelegentlich mit skurrilen Schnurren aus seinem verworrenen Leben. Wenn die See bewegter wurde, hielt er sich noch eiserner an einer Flasche fest; Anflüge von Übelkeit spülte er mit einem Achtel Roten hinunter. Nema problema.

Wenn uns Bärli mit etwas nervte, dann mit seiner Frühaufsteherei. Kaum zeigte sich die erste Morgenröte, litt es ihn nicht mehr in der Koje. Dann geisterte er wie Klabautermanns gewichtiger Zwillingsbruder durchs Schiff, genoß erst an Deck den Sonnenaufgang und schickte sich dann an, das Frühstück für alle vorzubereiten. Das war einerseits positiv, denn man brauchte sich nur noch an den gedeckten Tisch zu setzen und wurde prompt mit Spiegeleiern, belegten Broten, Tee und Kaffee bedient, andererseits störten die Vorbereitungen alle, die länger schlafen wollten, denn ohne Geklapper geht das nun mal nicht ab.

Wir flehten ihn an, wir beschworen ihn, es half nicht. Selbst meine Autorität als Skipper konnte nichts an Bärlis Schlaf- und Frühstücksgewohnheiten ändern. Also fügten wir uns drein. Er leidet eben an seniler Bettflucht, hieß es in Anspielung auf Bärlis Alter.

Da saß ich dann noch halb benommen und rührte mehr schlafend als wach in dem Tee, den mir Bärli pflichtbewußt unter den Löffel geschoben hatte, als ich plötzlich folgende Horrorszene gewahrte: Da stand Bärli stocksteif in der Pantry, mit dem Rücken an die Kühlbox gelehnt, blickte geistesabwesend vor sich hin und fühlte sich mit dem Mittelfinger der rechten Hand den Puls an seiner Linken.

Ich war mit einem Schlag hellwach. Jetzt ist es soweit, zuckte es wie ein Blitz durch mein Hirn. Jetzt hast du die Bescherung, jetzt klappt er zusammen! Du hättest ihn doch nicht mitnehmen sollen.

Solche Leute gehören nicht auf ein Segelboot. Aber du hast ja wieder mal nicht nein sagen können.

Die bösen Ahnungen und Selbstvorwürfe wurden augenblicklich von anderen Gedanken abgelöst: Was mache ich jetzt mit ihm? Bis ins Krankenhaus ist es zu weit. Nein, ich muß über Funk Hilfe holen. Ein Arzt soll mir Tips geben, und inzwischen kann schon der Hubschrauber starten. Dann Abbergen von Deck. Aber wie bringe ich den Koloß von einem Mann durch den Niedergang? Dazu legen wir Bärli einen Lifebelt an, am besten meinen, der ist der professionellste, picken vorne die Großschot ein, holen ihn damit an Deck und gleich weiter ins Dingi. Damit der Hubschrauber keine Schwierigkeiten mit unserem Rigg bekommt. Einer muß mit ins Krankenhaus, am besten Franz, der spricht leidlich Englisch und ein paar Brocken Serbokroatisch. Hoffentlich passiert nichts Schlimmes. Wenn mir der Bärli hier stirbt, gibt's Scherereien ohne Ende. Mit den Behörden und mit dem Chartern. Danach fährt doch keiner mehr mit mir, dem Skipper eines Totenschiffs. Die Leute sind doch ohnedies so abergläubisch.

All das wirbelte in Sekundenbruchteilen durch meinen Kopf. Es dauerte gerade so lange, wie man braucht, um den Satz zu formulieren: „Bärli, ist dir was?"

Da löste er sich aus seiner Starre, drehte sich ruhig zur Kühlbox um und öffnete den Deckel. „Ich wollte nur mal sehen wie es um meinen Kreislauf steht", beruhigte er mich. „Ich hab' nämlich das Gefühl, daß ich ihn ein bißchen in Schwung bringen muß." Sprach's, angelte sich die Rotweinflasche aus der Box und schenkte sich ein Glas voll ein.

Das älteste Mitglied, das sich je in meine Crewlist eintrug, war ein springlebendiger Bursch von 67, der sich mir selbst als marinierter General der Infanterie vorstellte.

„Mariniert?" Die Frage hätte ich nicht zu formulieren brauchen, denn der Großvater wartete offensichtlich nur auf einen fragenden Blick, um die selbstgewählte Bezeichnung zu erklären: „Ich bin Pensionist, aber ich mag diesen Ausdruck nicht. Er klingt nach alter Trottel. Mariniert sagt da schon mehr. Die Qualität eines gut abgelegenen Lungenbratens wird durch Marinieren nur besser. Bei mir ist es genauso. Mein bestens abgelegenes Fleisch –", erklopfte sich selbstbewußt auf die sportlich gewölbte Brust –," hat viel an Qualität, an Lebensqualität, gewonnen, seit ich in Pension bin. Auch mit der Segelei habe ich erst jetzt angefangen, obwohl sie mich schon immer interessiert hat. Und zur Christlichen Seefahrt paßt doch besser ‚mariniert' als ‚pensioniert'. Marine – mariniert! Ist doch eine logische Wortschöpfung. Oder?"

Mit Vornamen trug sich der marinierte General als Karl-Leopold in die Crewliste ein, an Bord wurde er deshalb zunächst Kapo genannt. Aber schon nach zwei Tagen fand ein Crewmitglied heraus, daß sich „marinierter Infanteriegeneral" mit MIG abkürzen läßt, eine Bezeichnung, die nach Energie und Temperament besser zu dem jugendlichen Opa paßte. Und weil die russischen Kampfflugzeuge zur näheren Typenbezeichnung immer eine Nummer tragen, wurde auch unser MIG mit einer Kennzahl geehrt: MIG 67, in Anspielung auf sein Alter.

Das gefiel ihm. Von da an stellte sich Karl-Leopold bei jeder passenden und unpassenden Gelegenheit mit schalkhaftem Lachen als MIG 67 vor und lieferte auch gleich die Erklärung für seinen seltsamen Spitznamen. In Briefen und auf Karten fügte er seiner unleserlichen Unterschrift stets deutlich, aber ohne Erläuterung, das MIG 67 bei.

Der marinierte Infanteriegeneral war auch als MIG 68 und als MIG 69 bei mir an Bord; als MIG 70 düste er noch durch die Südsee, was ich einer Weihnachtskarte aus Papeete entnahm. Danach hat eine Vahine seine Spuren in den Winkeln der polynesichen Inseln verwischt.

Meine letzte Reise mit MIG 69 ging von Mallorca über Sardiniens Hauptstadt Cagliari nach Catania in Sizilien: eine Schönwettertour, die uns mit achterlichen Winden keinerlei Schwierigkeiten bereitete.

Der General, der als MIG 67 mit geringem theoretischem Wissen und keinerlei praktischem Können an Bord gekommen war, hatte sich inzwischen zu einem umsichtigen Wachführer und pingeligen Navigator gemausert. Seine Erfahrungen als Wirtschaftsoffizier – „an der Front wurde mir immer zuviel geschossen“ – stellte er für die Verwaltung der Bordkasse und als Chef des Einkaufs zur Verfügung. MIG 69 war, um es mit einem Wort zu sagen, an Bord unentbehrlich geworden.

Er genoß mein Vertrauen. Ich wollte ihn auch nicht kontrollieren, als er zu mitternächtlicher Stunde schiften ließ. Ich wollte nur wissen, was der Grund für das Manöver war. Waren wir schon da? Oder hatte der Wind, der so beständig aus Westen geblasen hatte, gedreht? Ich steckte jedenfalls den Kopf aus dem Niedergang und war überrascht. Wir hatten tatsächlich Cap Spartivento in sicherer Entfernung passiert und schickten uns an, in den Golf der Engel Richtung Cagliari einzulaufen.

Der Großbaum, den wir an Backbord mit einem Bullenstander gesichert hatten, mußte vor der Kursänderung nach Steuerbord. Erich turnte nach vorne, um die Sicherungsleine zu lösen, Karl P. bediente die Großschot, MIG kommandierte vom Achterdeck aus das Manöver.

Was dann geschah, läßt sich rückblickend nicht mehr genau feststellen: Entweder hatte Erich den Bullenstander zu schnell gefiert oder Karl P. die Großschot zu langsam dichtgeholt, oder der Rudergänger führte die Kurskorrektur zu schnell aus.

Jedenfalls fuhr der Wind plötzlich von Backbord ins Segel und warf den Großbaum mit aller Wucht nach Steuerbord. Der schwere Metallbalken zischte über mich und den Rudergänger hinweg, so daß ich mich unwillkürlich duckte, obwohl ich im Niedergang überhaupt nicht gefährdet war. Aus den Augenwinkeln aber bekam ich mit, daß MIG plötzlich weg war.

Ein suchender Blick.

Nichts!

Der Alarmschrei: „Mann über Bord!“ formte sich schon auf meinen Lippen, als ich trotz der Dunkelheit zwei listige Augen vorsichtig über das Cockpitsüll spähen sah.

„MIG, bist du okay?“

Der General lugte prüfend zum Großbaum hinauf. „Ist das Ding da gebändigt?“

Der Rudergänger beruhigte ihn. Der Baum sei unter Kontrolle, auf dem neuen Kurs konnte nichts passieren.

MIG erhob sich dennoch sehr vorsichtig und behielt, wie um sich kleiner zu machen, den Kopf zwischen den Schultern.

„Ich habe schon befürchtet . . .“ setzte ich zu einer Erklärung an.

MIG lachte nur. „Ich bin zwar schon in Pension, aber eines verlernt ein alter Soldat wie ich net: volle Deckung! Auch wenn er wie ich nie an der Front gewesen ist. Volle Deckung hilft manchmal auch am Schreibtisch.“

Ich war erleichtert. „Ich dachte schon, der Baum hat dich über Bord gefetzt“, versuchte ich mir den Schock von der Seele zu reden.

„Also, ich wäre sicher nicht über Bord gegangen“, entgegnete MIG und stemmte sich demonstrativ in seinen Lifebelt. „Aber viel-

leicht mein Kopf. Wenn mich das Trumm da erwischt hätte, hätte mir nicht mal ein Stahlhelm geholfen. Da wäre die Rübe ins Meer geplumpst." Er zeichnete die Flugkurve mit der rechten Hand nach. „Da sieht man wieder", resümierte er weiter, „daß militärischer Drill mitunter auch einem Schreibtischhengst zugute kommt."

Er starrte eine Weile angestrengt zu den Lichtern an der Küste hinüber, dann wandte er sich wieder an mich: „Bring' mir einen Schluck, wenn du schon im Niedergang stehst."

Ich holte die Bottle, schraubte den Verschluß ab und reichte sie ihm. Er setzte sie an, begann aber plötzlich so zu kichern, daß er nicht mehr trinken konnte. „Weißt du", ließ er mich an dem Gedanken teilhaben, der ihn so erheiterte, „weißt du, es wäre ja auch zu makaber gewesen: ein Seemannsbegräbnis für einen General der Infanterie, einen kopflosen General noch dazu. – Prost!"

Großer Segler, kleiner Seesack! Wenn es nach diesem in Seglerkreisen oft angelegten Maßstab gegangen wäre, hätte ich die Deutsch-Schweizerin Wally noch vor mir in die Crewliste eintragen müssen. Ihr Gepäck bestand nur aus zwei, wie sie es selbst nannte, Überlebensbeuteln. Einer war voll Zigaretten, der andere voll Schnaps. Damit die Flaschen nicht aneinander schlugen, hatte sie dazwischen einen Bikini, ein paar T-Shirts und Shorts gestopft; zwischen den Zigaretten befanden sich so nützliche Dinge wie Zahnbürste plus Pasta, Kamm, Lippenstift und drei, vier, fünf Feuerzeuge.

Wo das Mädel das alles hingeraucht und hingetrunken hat, wird mir für immer ein Rätsel bleiben. Das heißt, die Rauchzeichen habe ich gesehen, aber so richtig abgefüllt, wie man sich das vorstellt – schwankende Gestalt, gerötete Augen, lallende Stimme –, so betrunken war Wally nie.

Sie war ein Phänomen. Obwohl sie nur zwei Hände mit je fünf rauchgelben Fingern hatte, brachte sie es fertig, bei Schräglage und Wellentanz Glas, Flasche, Zigarette, Marlboropackung, Feuerzeug und Aschenbecher auf dem Salontisch zu bändigen und all die Requisiten unversehrt durch einige Wenden zu bringen.

Natürlich habe ich ihr anfangs verboten, unter Deck zu rauchen. Doch angesichts ihres Leerflaschenausstoßes schien es mir bei schwerem Wetter sicherer, eine Raucherin unter Deck als eine Trinkerin über Bord zu haben. Und daß Wally dem Alkohol mehr zusprach, als man es von einer 43jährigen Eidgenossin gehobenen Standes erwartete, gab sogar der trinkfeste Bärli zu, als er verschreckt feststellen mußte „Mit der komm' ich nicht mit."

Aber wie gesagt: Komplikationen hat es mit Wally keine gegeben (sieht man davon ab, daß ich wegen ihrer Salon-Qualmerei manchmal überlegte, ob es nicht richtiger wäre, ein Dampferlicht zu setzen).

Aber dann passierte es doch.

Schuld daran war Bruno, mein Lehrskipper, der – reiner Zufall – unmittelbar nach uns in die Bucht der streitenden Wirte einlief und bei uns längsseits ging.

Nach einem ohnedies feuchten Abendessen – Fisch muß bekanntlich schwimmen, auch wenn er schon gegrillt ist – lud er uns noch auf sein nagelneues Schiff ein, eine Gib Sea irgendwas, zwei Meter länger als seine alte Comet 383, auf der ich meine Zeit als Galeerensträfling abgedient hatte.

Bruno tat es nicht ganz uneigennützig. Er hatte ein Auge auf die resche Schweizerin geworfen, die so freudig nach der Flasche griff, daß er sich leichtes Spiel mit ihr erhoffte. Aber er sollte sich täuschen. An eine höhere Oktanzahl gewöhnt, schüttete Wally noch ein Glas und noch ein Glas in sich hinein und soff den „Habsburger" Bruno glatt unter den Navigationstisch.

Bruno brauchte, wie er mir später erzählte, ganze 48 Stunden, um die Falten aus seinem verknitterten Ego und seinem zerknautschten Magen zu bügeln. Erst dann konnte er wieder auslaufen.

Auch Wally überstand den alkoholischen Waffengang nicht heil. Beim Übersteigen von einem Schiff auf das andere verlor sie plötzlich das Gleichgewicht. Sie wäre in den Bach gefallen, hätte Toni sie nicht in letzter Sekunde am Arm gepackt und zurück an Deck gerissen.

Solche unfreiwilligen Einhand-Klimmzüge war Wally nicht gewöhnt, sie klagte sofort über starke Schmerzen im linken Schultergelenk, die sie erst mit einem Gläschen, dann noch mit einer Tablette bekämpfte. Für diese eine Nacht war endlich Ruh'.

Am nächsten Tag konnte Wally ihren linken Arm nicht mehr bewegen. Ich verpaßte ihr ein Dreieckstuch als Schlinge, das sie prompt als Depot für Feuerzeug und Zigaretten mißbrauchte. Abends in Hvar brachten wir sie ins Krankenhaus. Dort bekam sie einen Gips, aber keinen vollen, sondern nur eine Art Halbschale, die unter den Arm gefatscht war, um eine Ruhestellung zu erreichen.

Kaum zurück an Bord, begann Wally über den Verband zu klagen. Es dauerte keine halbe Stunde, da hatte sie die Fatsche schon gelöst, weil sie angeblich zu eng gewickelt war. Dreimal habe ich an diesem Abend noch versucht, ihr den Verband besser, leichter, bequemer anzulegen, aber Wally riß ihn sich immer wieder herunter.

Da unsere Patientin mit dem steifen Ausleger in der engen Koje nicht schlafen konnte, bauten wir ihr auf dem Salontisch ein Hochbett, das sie erst nach langem Sträuben bezog. Sie wollte nicht aufgebahrt werden.

Es hielt sie auch nicht lange auf dem Katafalk. Die halbe Nacht lang wickelte sie den Verband neu und entfernte ihn dann wieder, die halbe Nacht lang hörte ich dazwischen das Klicken des Feuerzeugs und das Schnappen des Kühlfachs. Irgendwann übermannte mich dann doch die Müdigkeit, so daß ich die weitere Entwicklung nicht mehr verfolgen konnte.

Am Morgen lag Wally eingerollt wie ein Murmeltier in ihrer Koje – ohne Gips. Der war bis auf einige kleine Brocken zerbröselt.

Wally schlief sich gesund. Sie pennte bis zum Sonnenuntergang. Als sie zum Sundowner an Deck erschien, war sie so weit genesen, daß sie auch mit der Linken schon wieder ein Glas halten konnte.

Aber ihr Gips hatte Nachwirkungen. Seine Brösel hielten sich tagelang im Salon, trotz intensivsten Schrubbens. Und jedesmal, wenn der weiße Staub den Salontisch überzog, mußte ich mir von einem vorlauten Crewmitglied die Frage gefallen lassen: „Käpt'n, rieselt bei dir schon der Kalk?“

Ich war eigentlich der Meinung, daß es den guten alten Klabautermann auf modernen Charteryachten nicht mehr gibt, einfach nicht mehr geben kann. Weiß man doch aus den Segelbüchern früherer Tage, daß die arme Seele zu Ahabs oder Blighs Zeiten zusammen mit dem Holz des Baumes, unter dem sie begraben gewesen war, an Bord geschleppt wurde. Da Yachten heute nicht mehr aus Holz gebaut, sondern aus Kunststoff zusammengepappt werden, und auch die Masten nicht mehr aus dem Wald, sondern aus dem Aluminiumwerk kommen, hat der alte Knacker eigentlich überhaupt keine Chance, an Bord zu kommen. Und wo soll er sich auch in einer aufgeriggten GFK-Schüssel verbergen?

Aber entweder hat sich der Klabautermann heimlich auf GFK umgestellt, oder er hat einen alufesten Nachahmer gefunden. Anders war die Geschichte mit der Schraube, die mir am letzten Tag eines Jugo-Törns passierte, einfach nicht zu erklären.

Da starrte ich eines Morgens an meinem Teeheferl vorbei auf das Teakdeck, wie man halt so starrt, wenn die Lebensgeister noch nicht durch das morgendliche Teebad gezogen wurden. Plötzlich blieben meine trüben Augen an einem Fremdkörper hängen, der auf einem Deck – Teak oder nicht – nichts zu suchen hatte: eine Schraube. Eine schöne große Schraube, nicht so ein kleines Ding, das sich aus einem Transistorradio oder einem Walkman losgearbeitet haben könnte. Nein, eine großkalibrige Metallschraube.

Nun gibt es in jeder Crew den einen oder anderen, bei dem eine Schraube locker ist, aber diese Art liegt nicht an Deck herum. Ich wog das metallene Ding lange in der Hand und kam mir schon vor wie Hamlet, Prinz von Dänemark, als ich mir die Schicksalsfrage stellte: Soll ich oder soll ich nicht? Nämlich das Stück einfach über Bord werfen. Oder sollte ich es in weniger als zwölf Stunden, zusammen mit dem Schiff, dem Eigner zurückgeben, damit er sich den Kopf zerbrach, ob der Klabautermann die Schraube an Deck gespuckt hatte oder ob sie aus dem Rigg gefallen war?

Die Versuchung, fünf gerade sein zu lassen, war groß, aber ich brachte es nicht übers Herz. Also suchte ich zuerst mit dem Feldstecher das Rigg ab, ohne etwas zu finden. Deshalb ließ ich mich nach dem Frühstück von der Crew in den Masttopp kurbeln. Die wollte natürlich den leichtesten in den Bootsmannsstuhl setzen, doch der Mann war mir für eine derartige Untersuchung zu unerfahren. Also hinauf mit mir. Aber obwohl ich oben alles wie mit Röntgenaugen absuchte, fand ich nichts. Alle Schrauben, Nieten und Beschläge waren in Ordnung.

Doch der Klabautermann?

Wir liefen aus, setzten vorsichtig Segel, gingen langsam an den Wind.

Nichts. Alles funktionierte wie immer.

Es war ein wunderschöner Segeltag. Sonnenschein, wenig Seegang und der Wind gerade recht, um alle Segel vollstehen zu lassen. Die Leute rissen sich direkt darum, Ruder gehen zu dürfen. Jeder wollte noch einmal das berauschende Gefühl auskosten. Ich war rundum mit mir, der Welt, der Crew und dem Schiff zufrieden.

Da fiel die zweite Schraube.

Das heißt, ich sah nicht so genau, ob es eine Schraube war. Ich sah nur etwas blitzen. Aber ich hörte es aufs Deck schlagen und sah es ins Meer springen. Das tun Käfer nicht, und Möwenexkremente hinterlassen Spuren. Also konnte es nur eine Schraube gewesen sein.

Aber wo kam sie her?

Nach der Wucht des Aufpralls zu schließen, mußte es von ganz oben gewesen sein. Ich holte mir noch einmal das Marineglas. Nichts! Ich ging noch einmal das ganze Rigg durch. Von oben nach unten. Nichts!

Langsam begann ich, an den Klabautermann zu glauben. Aber wo hatte der Kerl sein Schraubendepot?

Ich fand es nicht.

Trotzdem ließ ich mir keine grauen Haare wachsen. Ich ließ aber vorsichtshalber die Backstagen setzen, die sonst nur bei schwerem Wetter den Mast zusätzlich stützten, und tröstete mich mit dem Gedanken, daß wir in spätestens einer Stunde unsere Charterbasis erreicht haben würden. Was konnte da noch passieren? Nichts passierte.

Ich servierte noch ein paar Brötchen, wir tranken ein letztes Bier, dann wurde es schon Zeit, Vorbereitungen fürs Einlaufen zu treffen, denn gerade in dem klein Hafen Tucepi wollten wir mit unserem Anlegemanöver brillieren: jeder auf seinem Posten, kein lautes Wort.

Walter übernahm das Ruder, denn er hatte sich einfach als Bester auf dem Platz erwiesen. Er besaß ein Gefühl für die Maschine und ein sicheres Auge für Länge und Breite des Schiffs. Einlaufen in Tucepi ist nicht einfach: Die Einfahrt ist schmal, die Wellenbrecher sind gegeneinander versetzt, da muß man sich richtig hineinschlängeln. Und das überfüllte Hafenbecken ist für eine 14-Meter-Yacht zum Manövrieren fast zu klein.

Aber ich war zuversichtlich. Wir hatten jede einzelne Phase des Manövers eine Woche lang geübt.

Erste Aktion: Genua weg!

Walter ging mehr in als an den Wind. Dann ratschten die Winschen. Das Vorsegel wurde aufgerollt.

„Maschine an!"

Walter drehte den Schlüssel. Der Diesel spuckte brav Wasser und Rauch.

„Klar zum Bergen des Großsegels!"

Es war eine Freude zu sehen, wie jeder seinen Platz einnahm. Großschot, Großfall, Reffleinen, alles war klar zum Loswerfen beziehungsweise Dichtholen.

„Runter damit", meinte ich lässig.

Peter drückte den Hebel der Klemme durch, und – bumm! – schlug der Klabautermann zu. Es riß mich herum, da sah ich schon Blut über Walters Stirn rinnen.

Der Großbaum, der von einer hydraulischen Stütze gehalten werden sollte, war ihm voll auf den Kopf gekracht.

Ich sprang hin, riß den Baum zur Seite und legte ihn erst einmal an Deck. Mark, der beim Heer eine Sanitäterausbildung genossen hatte, zog Walter hinterm Steuerrad hervor und brachte ihn unter Deck, um ihn medizinisch zu versorgen: einen Verband für den Kopf und einen Schnaps für den Schreck. Ich übernahm das Ruder. Das Großfall wurde zur Dirk, der Baum wieder über Kopf hoch aufgeholt. Erst jetzt sahen wir die Bescherung. Die vier Schrauben, die die hydraulische Baumstütze in Position gehalten hatten, waren verschwunden. Zwei hatte sich Klabautermann wohl unbemerkt geholt, eine hatte ich fallen gesehen, und eine trug ich noch in der Hosentasche. Wir hatten nichts bemerkt, weil das Großsegel Baum und Baumstütze in Position gehalten hatte. Doch als es fiel, krachte auch der Baum nieder.

Die Aufregung legte sich schnell. Wir fuhren unser Anlegemanöver. Beim Manöverschluck war Walter schon wieder an Deck, als Türke verkleidet. Der weiße Turban schmückte ihn.

Nur um ganz sicherzugehen, brachten wir ihn nach Makarska ins Krankenhaus. Der Arzt, der die Wundversorgung kontrollierte, beruhigte unseren „Türken“: „Nur eine winzige Platzwunde. Nähen ist nicht notwendig.“ Und er machte unserem Sani ein Kompliment: „Der Verband war so fachmännisch, daß ich den Patienten beinahe nicht drangenommen hätte. Ich dachte, eine unserer Schwestern hätte ihn versorgt.“

Wie man eine Crew bei Laune hält, wie man ihr harte Nachtwachen schmackhaft macht und sie bei schweren Sturm- und Stimmungstiefs aufmöbelt, das alles kann man heute schon in unzähligen Abhandlungen nachlesen. Sogar popularwissenschaftliche Schriften wie „Der kleine Psychologe“ geben als Bettlektüre dem interessierten Laien Nachhilfe. Aber so lange ich auch die Fachliteratur durchwühlt und so sehr ich mich sogar in Tausend-Seiten-Ratgeber wie „Mit Freud an Bord“ verbissen habe, eine Lösung habe ich noch nicht gefunden: Wie bringt man eine Crew dazu, daß sie freiwillig und freudig das Geschirr abwäscht? Freiwillig *und* freudig!

Für niedrige Dienste beim Kochen wie Gemüseputzen oder Erdäpfelschälen findet sich immer einer, der hungrig genug ist und glaubt, so früher zum Essen zu kommen. Die Reparatur der Stereoanlage wird für den Musikliebhaber zur Herzensangelegenheit, wenn er dafür nachher sein Lieblingsband, gegen das bisher alle protestiert haben, einmal ganz durchspielen darf. Und sogar fürs Deckschrubben lassen sich Freiwillige finden, weil man dabei die Bordnymphen ganz zufällig naßspritzen darf. Kurz: Für alles läßt sich die Crew mobilisieren, nur für eines nicht: fürs Geschirrabwaschen.

Kaum ist die Rede davon, fällt dem ersten plötzlich ein, daß er als Navigator jetzt gleich den neuen Kurs festlegen sollte, der zweite muß unbedingt noch vor dem Auslaufen die Karten schreiben, die er schon seit zwei Wochen bei sich trägt, der dritte muß ein Foto machen, das überhaupt nur bei diesem Licht möglich ist, der vierte hat vergessen, diese scheußliche Vase für seine Schwiegermutter zu kaufen, der fünfte und sechste läßt sich gar nicht erst eine Ausrede einfallen, sondern verdrückt sich gleich.

Aber wer wäscht das Geschirr ab?

Eine Wacheinteilung hilft zwar meist, aber nicht immer. Ich habe schon Wachen erlebt, die haben so lange herumgetrödelt, bis sich ein guter Geist gefunden hat, der ihnen aus Langeweile die Arbeit abgenommen oder zumindest unter die Arme gegriffen hat. Und dann gibt es Wachen, die sich zwar prinzipiell der Aufgabe stellen, die aber gerade jetzt . . . Siehe oben.

Also, wer wäscht im Zweifelsfall das Geschirr, weil er endlich auslaufen oder nicht schon wieder wegen der Backschaft streiten will? Richtig geraten – der Skipper. Also ich! Und das, obwohl ich durch das Abwaschen bereits einmal in Lebensgefahr gekommen bin.

Es war im damaligen Jugoslawien. Meine erste fünf- oder sechswöchige Törnserie ging zu Ende, ich zeigte erste Abnützungserscheinungen. Zum Beispiel waren meine Finger aufgesprungen, die Haut an den Fingerkuppen und rund um die Nägel war von tiefen Rissen durchzogen.

Die Symptome kannte ich von früheren, kürzeren Törns. Scampifinger nannte ich sie, weil ich dachte, die aufgerissene Haut hänge mit meiner Leidenschaft für die kleinen Krustentiere zusammen. Beim Aufbrechen der etwas härteren Exemplare sticht man sich ja immer wieder in den Finger oder reißt sich die Haut auf. Und da ich die Meeres-Engerlinge wirklich bei jeder Gelegenheit bearbeitete, hatten die Wunden gar keine Chance zu heilen.

Rauhes Tauwerk und Salzwasser setzten meinen lädierten Scampifingern weiter zu, aber richtig ernsthafte Wunden entwickelten sich bei kürzeren Törns nie. Nach drei, vier Wochen Schreibtischarbeit waren die Finger wieder wie neu. Damals, in der vierten oder fünften Törnwoche, entwickelte sich die Sache allerdings anders. Da wurde ein Scampifinger plötzlich eitrig.

Erst mit sanften Kamillebädern, dann mit schärferen Salben versuchte ich, der Infektion Herr zu werden. Aber der Finger schwoll und quoll, bis auch der letzte medizinische Laie an Bord überzeugt war: Ich mußte zum Arzt.

In Stari Grad, wo wir über Nacht festgemacht hatten, interessierte sich der Doktor mehr für mein Schiff als für meinen Finger. Von seiner Praxis aus konnte man genau in den Hafen sehen, und statt auf meinen Finger starrte der Arzt nur hinunter auf die THISPE, ließ sich Ausrüstung und Elektronik erklären und betonte alle zwei Minuten, wie gern er doch auf so einem Schiff fahren würde und daß er sich in zwei, drei Jahren auch so eine Yacht zulegen würde.

Zwischendurch schnitt er mir den Finger auf, legte einen Verband an, gab mir eine Injektion ins Achterteil, händigte mir ein paar Pillen aus, eine davon eine Schlaftablette, verordnete mir Ruhe und bestellte mich für den nächsten Morgen zu einer weiteren Injektion.

Die Schlaftablette nahm ich nicht, weil ich auch ohne immer gut schlafe und weil ich an Bord erst noch schnell die Druckwasserpumpe reparieren und die Rollreffanlage der Genua klarieren mußte, mit der wir beim Einlaufen Schwierigkeiten gehabt hatten.

Am nächsten Morgen wiegte der Doktor besorgt den Kopf. Der rote Strich, der sich auf meinem Unterarm abzeichnete, schien ihm überhaupt nicht zu gefallen. Er jagte mir das zweite Torpedo in den Achtersteven und beschwor mich, einen Ruhetag einzulegen.

„Aber da unten“, ich deutete durchs Fenster, „da unten wartet eine achtköpfige Urlaubscrew auf Action. Der kann ich doch nicht einfach einen Liegetag verordnen, nur weil ich einen eitrigen Finger habe.“

Der Doktor sah lange auf die THISPE hinunter. Schließlich seufzte er tief, was für mich ein Zeichen war, daß sein Seglerherz über seinen Medizinerverstand gesiegt hatte. Er schützte meinen neuen weißen Verband mit einem schwarzen Fingerling – eine schwarze Augenklappe hätte mir besser gefallen – und entließ mich mit der

Auflage, im Spital von Split meinen Finger noch einmal versorgen zu lassen.

Aber wir segelten nicht direkt nach Split. Wir kreuzten hinauf nach Solta und gingen für die Nacht in der fjordartigen Bucht von Maslinika vor Anker. Die wollte ich der Crew keinesfalls vorenthalten.

Es war einer dieser milden Abende, die man als Urlauber voll auskosten möchte. Da fand sich einfach keiner, der als erster gesagt hätte, daß er genug hatte und Schluß machen wollte. Deshalb saß die Crew noch immer an Deck beisammen, als ich zu mitternächtlicher Stunde im Schein der Navitischbeleuchtung mehr oder weniger zufällig einen Blick auf meinen Arm warf. Ich erschrak!

Der rote Strich war nicht zurückgegangen. Im Gegenteil, er reichte jetzt bis knapp unter die Achsel.

Blutvergiftung!

Lebensgefahr!

Panik.

Ich zögerte nicht lange. „Wir müssen sofort los“, schreckte ich die Crew aus ihrer romantischen Stimmung auf. „Nachtfahrt nach Split. Ich muß dringend ins Spital.“

Ich durfte mit meinen Ortskenntnissen noch beim Auslaufen helfen, dann wurde ich von einer besorgten Crew sanft in ein windgeschütztes Eck des Cockpits gedrückt, und ab ging's. Volle Kraft voraus. Motorfahrt nach Split.

Dort machten wir am Stadtpier gleich neben der Capitaneria fest, weil es von da näher zum Krankenhaus ist. Ich wollte allein fahren, aber die Hälfte der Crew drängte sich mit mir ins Taxi. Die andere Hälfte versorgte das Boot.

Es war nicht viel los im Krankenhaus: nur ein paar Männer, die sich im Suff verletzt hatten, und zwei andere, die bei einer Rauferei den kürzeren gezogen hatten. Da fiel ich mit meinem Hofstaat gleich auf.

Der Doktor, der sich meiner annahm, war so jung, als sei er von der Universität direkt in seinen ersten Nachtdienst geschlüpft. Er ließ mich den Verband gar nicht erst abnehmen, sondern besah sich nur meinen Arm und überflog den Behandlungsbericht seines Stari

Grader Kollegen. „Nema problema“, beruhigte er mich. „Der Strich wird verschwinden, die Medikamente sind stark genug. Aber“, belehrte er mich ausdrücklich und so laut, daß die versammelte Crew es hören konnte, „der Arm muß absolut ruhig gestellt werden. Am besten in einer Schlinge.“

Ehrlich gesagt, ich hatte mir mehr erwartet. Irgend etwas Dramatisches wie Aderlaß, Blutegel oder zumindest ein besorgtes Gesicht.

Nichts! Wie stand ich jetzt da vor meiner Crew?

Der frischgeschlüpfte Doktor mußte mir meine Enttäuschung angesehen haben, denn er nahm plötzlich noch einmal meine Hand, erst die blutvergiftete Rechte, dann die gesunde Linke, und besah sich lange meine aufgesprungenen Finger. „Spülen Sie an Bord auch das Geschirr?“ fragte er mich.

Ich nickte verblüfft.

„Dann sollten Sie beim Abwaschen Gummihandschuhe tragen, sonst springen Ihnen die anderen Finger auch noch auf. Die Spülmittel sind heutzutage viel zu scharf.“

Ein junger Mann mit so viel Wissen war entweder ein Streber, oder er hatte wirklich das Zeug zum Hautfacharzt. So oder so: Er hatte recht. Seit ich beim Abwaschen Gummihandschuhe trage, habe ich keine aufgesprungenen Finger mehr, auch wenn ich noch so viele Scampis damit knacke. Andererseits brauche ich die Hände nur zweimal versehentlich ins Spülwasser zu stecken, und schon geht es wieder los.

Es wurde noch ein schöner Törn, besonders für mich. Mein Arm in der Schlinge machte jedem deutlich, daß ich nur noch die Verantwortung tragen konnte. Die Arbeit mußten andere machen. Ich konnte nur Anweisungen geben, delegieren, beraten und – dazu reichte es gerade noch – in der Linken eine Bierdose halten.

Im Vergleich zum „Unternehmen roter Strich“ ging es bei der „Aktion TITANIC“ um nichts. Keine Lebensgefahr, keine Blutvergiftung, kein eitriger, nicht mal ein ausgelaugter Finger weit und breit. Nur eine Brille auf dem Meeresgrund.

Der Meeresgrund gehörte zur Bucht Maltezana vor der griechischen Insel Astipalaia. Die Brille gehörte mir.

Wir waren, von Rhodos kommend, in die Maltezana gesegelt, um Wasser zu bunkern. Die kurze Pier war allerdings gerade dicht mit Fischerbooten besetzt, deshalb ankerten wir erst einmal draußen, im sieben Meter tiefen Wasser. Wir wollten ohnedies den Tag zum Schwimmen und Faulenzen nutzen.

Während die anderen schon vergnügt ins glasklare Wasser hechteten, knatterten FH und ich mit dem Schlauchboot hinüber zur Pier, um die Modalitäten der Wasserübernahme zu erkunden.

Wasser gäbe es erst abends, hieß es. Uns sollte es recht sein. Wir tranken unter einer Tamariske vor der Taverne einen Ouzo – es gibt Plätze in Griechenland, da muß man einen Ouzo trinken –, dann zuckelten wir zurück zu unserem Schiff. Ich wollte gar nicht erst an Bord, sondern gleich ins Wasser, deshalb reichte ich DB mit der Leine des Dingis auch meine Kappe. Dann ließ ich mich rücklings von der Gummiwurst ins Wasser plumpsen, wie das Taucher in den James-Bond-Filmen immer machen.

Schon halb in Neptuns Armen, hörte ich noch DBs Schrei: „Deine Brille!“

Doch da war es schon zu spät. Meine Gläser sanken zum Meeresgrund.

Es machte mir nicht viel aus. Auf die Brille konnte ich verzichten. Sie war alt, ich konnte kaum noch damit lesen. Ich trug sie auch nur zum Segeln, weil sie nachdunkelnde Gläser hatte.

Gerade hatte ich mich mit dem Verlust abgefunden, da stieß DB schon wieder einen spitzen Schrei aus: „Da ist sie! Da liegt deine Brille!“ Sie bohrte von Deck aus ihren Zeigefinger förmlich ins Meer, so daß auch MS1 und MS2 keine Mühe hatten, das gläserne Objekt zur orten.

„Die holen wir wieder“, meinte MS1 so beiläufig, als ginge es lediglich darum, eine verlorenen Zehner aus dem Rinnsal zu klauben. MS2 ging auch schon an die erste Rettungsmaßnahme. Er fischte sich blitzartig den kleinen Anker des Dingis aus der Backskiste und setzte ihn neben der Brille auf den Grund. Jetzt war der Schatz, den es zu heben galt, zumindest markiert.

Ich kletterte an Deck und besah mir die Bescherung. Tatsächlich, von hier oben sah es wirklich so aus, als bräuchte man bloß ins

Wasser zu springen, um die Brille zu holen. FH versuchte es als erster, dann kamen die beiden MS dran, danach BV, und zum Schluß sprang ich selber von Deck kopfüber auf meine Brille zu. Aber das Wasser war zu tief, und wir waren alle keine geübten Taucher. Selbst beim zweiten und dritten Sprung kam keiner auch nur annähernd an die Brille heran.

Ich verdrängte die vage Hoffnung, die ich mir gemacht hatte, und setzte die Brille endgültig auf die Verlustliste.

Doch plötzlich stand FH mit der Pütz vor uns wie ein Buberl, dem man das Schauferl zum Sandspielen weggenommen hat. „Könnten wir es nicht damit . . .?"

Wir sahen uns reihum an. Es war einen Versuch wert. „Aktion TITANIC" nahm ihren Lauf.

Mit Kübel runter und Brille rauf war es natürlich nicht getan. Die Sache mußte technisch vorbereitet werden. Der Plastikkübel wurde angebohrt und Werkzeug darin so festgebunden, daß man ihn wie eine Baggerschaufel über den Meeresgrund ziehen konnte.

Ich strich die Brille wieder von der Verlustliste.

Vom Beiboot aus versuchten MS1 und MS2 ihr Geschick, was lustig anzusehen war. Beide hingen über der breiten Wulst des Bootes, den Kopf unter Wasser, die Augen mit Taucherbrillen geschützt.

Mehrmals wurde das Werkzeug umarrangiert, anders herum in den Kübel gebunden, die Schleppleine neu fixiert. Schließlich zogen sie sich an der Sicherungsleine zum Boot zurück. „Das Mistding dreht sich immer", schimpften sie. „Kaum zupft man ein bißchen an der Leine, rollt es schon davon. Und immer dorthin, wo man es nicht haben will."

Sie warfen Pütz und Taucherbrillen verärgert ins Cockpit.

„Vergeßt die Brille", versuchte ich, sie zu besänftigen. „Sie ist den Aufwand nicht wert. Ich hab' sie schon aus der Liste meiner Besitztümer gestrichen."

Die beiden hockten sich hin, ich sah es aber ihren Nasen an, daß sie mit dieser Lösung nicht einverstanden waren.

MS2 litt es auch nicht lange. Schon nach ein paar Minuten war er wieder auf den Beinen. „Das Ding ist doch nicht die TITANIC", brummte er entschlossen, „und daher werden wir sie heben, diese verdammte Brille. Wir sind auf dem richtigen Weg, müssen nur unser Gerät technisch verfeinern."

Zu viert durchstöberten wir das Schiff und entschieden uns für das Backblech aus dem Gasherd und den Treibanker, die schnell zu einer Einheit kombiniert wurden. Erneut steckten die beiden die Köpfe ins Wasser und dirigierten mit zwei Leinen das Blech in Richtung Brille. Aber es klappte wieder nicht. Der Treibanker war zu unförmig, verhedderte sich mit den Zugleinen und wirbelte zuviel Sand auf. Die Bergemannschaft kehrte bald frustriert an Bord zurück.

Ich schrieb meine Brille endgültig ab, doch zu meinem Erstaunen dachten weder MS1 noch MS2 noch FH ans Aufgeben. „Jetzt doch nicht", taten sie entrüstet. „Jetzt geht es nicht mehr um deine Brille, jetzt geht es ums Prinzip. Wir heben die TITANIC!"

Der Schleppsack wurde neu konstruiert. FH empfahl, den schweren Treibanker durch einen leichten Polsterüberzug zu ersetzen.

„Und wie willst du den am Blech befestigen?" fragte MS2 skeptisch.

„Ich würde ihn annähen."

„Annähen – ans Blech?" Das konnte er sich nicht vorstellen.

FH hielt ihm das Metallstück hin. Es war an den beiden Rändern mit Löchern versehen, damit die heiße Luft im Ofen zirkulieren konnte. „Da muß man doch durchnähen können", sagte FH.

DB besah sich das Stück. Dann holte sie Nadel und Zwirn und machte sich an die Arbeit. Mit wenigen groben Schleifen befestigte sie den Überzug. Um den Fangsack offen zu halten, knüpften wir noch zwei Filmdöschen aus Plastik als Auftriebskörper daran.

MS1 und MS2 stärkten sich mit den Brötchen, die GS in der Zwischenzeit geschmiert hatte, denn kletterten sie mit der Neukonstruktion wieder ins Beiboot.

„Diesmal wird es klappen", verkündeten sie selbstbewußt. Aber am Zappeln ihrer Beine erkannte ich bald, daß auch die Neukonstruktion mangelhaft war. Die Brille ließ sich offensichtlich auch damit nicht bergen.

Die beiden MS waren anderer Ansicht. „Das Ding liegt jetzt

genau vor der Brille", verkündeten sie. „Da brauchen wir nur noch etwas, mit dem wir die Brille auf das Blech schubsen können."

Der Bootshaken war zu kurz. Aber mit dem Schrubber verlängert, war er doch über zwei Meter lang. Wenn man also ein Stück tauchen, und es dann versuchen würde . . .

FH tauchte einmal, zweimal. Beim dritten Mal kam er aufgeregt an die Oberfläche zurück.

„Entweder die Brille ist im Sack, oder ich habe sie im Sand vergraben", verkündete er atemlos. „Dann ist sie allerdings endgültig dahin." MS1 und MS2 steckten noch mal die Köpfe ins Wasser, dann holten sie die Bergeleinen ein. Vorsichtig. Ich hielt den Atem an.

MS1 griff sich das Blech und spähte in den Sack.

Nichts?

Der Kerl machte es spannend.

Noch einmal blickte er prüfend in den Polsterüberzug, dann stieß er einen Freudenschrei aus und warf den Arm in die Höhe, den Daumen nach oben gestreckt.

Gewonnen!

Langsam, Hand über Hand, holte MZ das Beiboot ein. Vorne stand MS1 in Siegerpose und schwenkte wie ein Stierkämpfer das ihm zugesprochene Ohr meine Brille. Sie war unversehrt. BV stimmte den Triumphmarsch aus „Aida" an, wir alle fielen ein. MS1 schritt im Takt auf mich zu. „Unternehmen TITANIC erfolgreich abgeschlossen!" meldete er und schob mir die Brille auf die Nase. Eine Krönung hätte nicht feierlicher sein können.

Im Niedergang schwenkte GS bereits unsere beste Flasche. Den Manöverschluck hatten sich wirklich alle verdient. Klar, daß ich am Abend im Restaurant die Zeche übernahm. Nicht wegen der Brille, sondern wegen des Teamgeists, den alle bei der Bergung der TITANIC bewiesen hatten.

Gummibären machen Wind

Amtsstunden im Tamariskenbüro – Was man nicht im Segelkurs lernt – Mist unterm Algenteppich – Schlafende meutern nicht – Die Seekrankheit und ihre kleine Schwester

Die Segelschule, an der ich angeblich all das gelernt habe, was man zum Führen einer seegängigen Yacht benötigt, liegt in Wien an einem idyllischen Segelrevier, das sich Alte Donau nennt. Eine direkte Verbindung dieses Altarms zur schiffbaren Donau existiert nicht mehr. Weder das Schwarze noch irgendein anderes Meer ist von meiner Schule aus auf dem Wasserweg erreichbar. Eine niedrige Brücke, die die Alte Donau in eine „obere“ und „untere“ teilt, ist ein erstes Hindernis für alle masttragenden Wasserfahrzeuge, und eine sechsspurige Autobahn stoppt donauseitig jeden Fluchtversuch ins offene Wasser. Kurz gesagt: Das Schulrevier steht mit den Weiten der Ozeane in keinerlei Zusammenhang.

Das mag für andere vielleicht nur ein geographischer Schönheitsfehler sein, für mich ist es die symbolische Erklärung dafür, warum die Theorie, die man dort lernt, mitunter den Kontakt zur Realität verliert.

Nein, ich möchte mich nicht beschweren. Ich will auch mein Schulgeld nicht zurück. Ich hätte mir nur gewünscht, daß der gute Mann, der mir so kompetent beigebracht hat, wie man mit dem Zirkel im Stechschritt über die Seekarte maschiert, auch ein paar Worte über die Eigenheiten von Hafenkapitänen verloren hätte.

Statt mir den Unterschied zwischen Löffelbug und Klippersteven

zu erklären, hätte mir der Experte lieber ein paar Tips geben sollen, wie er auf einer vollbesetzten Charteryacht das leidige Müllproblem löst.

Auch daß der Skipper bei schwerem Wetter nicht nur reffen, sondern zwischendurch den seekranken Crewmitgliedern Händchen halten, Trost zusprechen und ihren abgepackten Bröckerlhusten entsorgen muß, habe ich nicht in der Segelschule gelernt, obwohl das genauso zum Bordalltag gehört wie Segelsetzen und Navigation.

Im Segelkurs geht alles glatt und einfach. Da nimmt man beispielsweise die Schiffspapiere und geht zum Hafenkapitän, um auszuklarieren. Einfach so!

In der Praxis sitzt dort der Weiße Riese persönlich und erklärt dir mit einem Lächeln, das noch strahlender ist als seine weiße Uniform: „You can not go!“

„Wie?"

Er noch einmal ganz freundlich: „You can not go!"

Ich spreche leidlich englisch, aber ich hätte es auch so begriffen: Er will mich nicht auslaufen lassen.

„Aber, Captain, warum?"

Er kreist mit dem Zeigefinger bedächtig eine Zahl auf einem der Schiffspapiere ein. „Die Prüfgarantie für Ihre Rettungsinsel ist vor zwei Monaten abgelaufen."

„Wie, vor zwei Monaten? Das kann doch keine Rolle spielen. Zwei Monate mehr oder weniger..."

„Doch, das ist ein Sicherheitsrisiko. Sie verstehen? Ich kann Sie nicht auslaufen lassen."

„Aber, Captain, ich muß! Ich kann doch nicht hier in Rhodos... Meine Crew... Wir müssen in zwei Wochen..."

„Sorry", sagt er, doch das klingt nicht so, als würde er es wirklich bedauern. Dazu nimmt er noch meine Schiffspapiere und sperrt sie in die Lade seines Schreibtischs. Jetzt kann ich mich nicht mal heimlich davonmachen oder mein Glück bei einem anderen, weniger pingeligen Beamten versuchen.

Irgendwie muß ihn meine verzweifelte Miene doch gerührt haben, denn während er sich dem nächsten Skipper zuwendet, rät er mir: „Kommen Sie um 18 Uhr wieder, da ist der Kommandant da. Er soll entscheiden."

18 Uhr? Der ganze schöne Tag ist im Eimer. Um 18 Uhr wollten wir längst in Simi sein.

Wiederholte Versuche, den Schiffseigner telefonisch zu erreichen, bringen nichts. Er ist übers Wochenende weggefahren. Also zurück zum Kommandant. Als Bittsteller.

Doch auch er bedauert. „Sorry, Captain, aber es geht um Ihre eigene Sicherheit. Das Risiko wollen Sie doch nicht eingehen?"

Ich sehe zwar kein Risiko, nicke aber. Und ärgere mich, denn jetzt hat der weiße Oberriese mir den schwarzen Peter zugeschoben.

Am nächsten Morgen kriege ich endlich den Schiffseigner ans Telefon. Er klärt den Fall schnell: Die Papiere, die ich mit mir herumschleppe, sind nicht ganz aktuell. Der neue Prüfbericht liegt längst vor. Er wird an den Hafenkapitän gefaxt.

Um neun händigt mir der Captain die Schiffspapiere wieder aus. „Sorry.“

Ich kann es schon nicht mehr hören, dieses „Sorry“. Aber diesmal dürfen wir auslaufen.

Allerdings muß ich nach diesem Intermezzo mein Bild vom griechischen Beamten übermalen. Drei, vier Tage vorher hat es nämlich noch ganz anders ausgesehen. Hübscher, griechischer.

Da ließ mir der Hafenkapitän von Evdilos durch einen Schlauchboot-Boten ausrichten, daß er mich zu sehen wünsche. Evdilos ist ein kleiner Hafen auf der Insel Ikaria, auf der halben Strecke zwischen Andros und Samos, ein Becken, in dem man ankern muß, weil es an der Mole zu seicht ist.

An Land suche ich, die Schiffspapiere unter den Arm geklemmt, zunächst vergeblich das Büro des Hafenchefs. Den Hinweis „in einem weißen Haus“ fasse ich als Witz auf, denn hier sind alle Häuser weiß. Also gehe ich ins Cafenion auf einen Ouzo und frage dort nach dem Hafenkapitän.

„Der sitzt dort drüben.“ Der Wirt deutet auf eine Figur, Modell gestrandeter Rucksacktourist. Was, der Mann im Schatten der Tamariske soll der Kapitän sein?

Er ist’s. Er macht auch gleich Platz auf seiner Bank und bedeutet mir: „Katse!“ – Setz’ dich. Also setze ich mich und überreiche ihm meine Papiere. Er öffnet das Tamariskenbüro. Das heißt, er zieht aus der Brusttasche seines schweißfleckigen Hemds einen Kugelschreiber und ein winziges Stempelkissen. Welch glückliches Land, denke ich, in dem Beamte unter Bäumen amtieren.

Zwei Minuten dauert die Amtshandlung. In der Zeit entwerfe ich im Geist ein Schreiben, in dem ich mich als Nachfolger um den Posten des Hafenkapitäns von Evdilos bewerbe. Ehe ich fertig bin, ist das Büro im Schatten schon wieder geschlossen.

„Darf ich Sie auf einen Kaffee einladen?“ frage ich in der Annahme, daß die Amtsstunden vorüber sind. Ich habe richtig angenommen. Auch der Kapitän nimmt an.

Später am Abend sehe ich ihn mit dem Skipper einer türkischen Yacht beim Essen. Zwischen Hauptspeise und Retsina drückt er sein Taschenstemperl in die Papiere. Und diesmal – ich traue meinen Augen nicht – hat er doch tatsächlich eine marineweiße Tellermütze neben sich liegen.

Unter allen Typen dalmatinischer Hafenkapitäne schien mir Josko so etwas wie ein Messemodell zu sein. Und das nicht nur äußerlich. So faltenfrei wie seine Uniform war auch seine Art, die maritimen Amtsgeschäfte zu führen, und wenn er sich eine Marotte leistete, dann die, daß er zu leger gekleidete Segler einfach nicht bediente. Im Hafenbüro hatte man korrekt gekleidet zu erscheinen; keine kurzen Hosen, keine dreckigen T-Shirts. Das machte der Saubermann aus der weiß-goldenen Serie jedem Skipper unmißverständlich klar.

Kapitän Josko stempelte Crewlisten und Schiffspapiere aber nicht nur in seinem Büro. Er liebte es, in der ganzen Pfauenpracht seiner Marineuniform persönlich an Bord zu erscheinen, um einzeln die Bilder in den Pässen mit den dazugehörigen Gesichtern zu vergleichen. Das hieß, die Mannschaft mußte vollzählig an Bord sein, sonst machte der uniformierte Pfau beleidigt kehrt und kam erst in zwei, drei Stunden wieder.

Daß von diesem Ritual auch eine verkürzte Form existieren mußte, wurde mir rasch klar. Da gab es beispielsweise Skipper, die nannten diese fleischgewordene Paradeuniform einen „alten Piraten". Warum? Und wie kam es, daß diese Skipper überhaupt nicht im Kapitänsbüro zu erscheinen brauchten? Daß sie bereits am Nachmittag Geistermannschaften ausklarieren konnten, deren Mitglieder erst am Abend im Hafen eintrafen? Als Kapitän Josko das nächste Mal an Bord kam, lud ich ihn kühn auf ein Bier ein. Er ließ es sich bringen, wollte aber nicht, daß die Dose geöffnet wurde. „Ich trinke es später", meinte er und packte die Dose in seine Aktentasche.

Aha, so lief der Hase.

„Wie wäre es mit einem Kaffee?" tastete ich mich auf dieser Fährte weiter vor. Der Kapitän bedauerte, er habe schon zuviel Kaffee getrunken. Auf jedem Boot würde er zu Kaffee eingeladen, er könne jetzt beim besten Willen nicht mehr. Aber später, im Büro, wenn der Streß vorüber sei, da würde er gern eine Tasse trinken. So offenbarte sich die schwarze Seele unter der weißen Uniformjacke.

„Dann sollten Sie aber einmal unseren Kaffee versuchen, Kapitän", ermunterte ich ihn und schob ihm eine Packung Wiener Mischung über den Tisch. „Den haben wir eigens aus Wien mitgebracht. Schmeckt ganz anders als der Kaffee, den man hier bekommt. Nehmen Sie die Packung und lassen Sie auch die Kollegen kosten."

Zögernd, fast widerwillig, schob Josko die Packung in seine Tasche. Er war ein guter Schauspieler.

Der dalmatinische Lucka-Kapitän nahm aber nicht nur Kostproben. Er gab denen, die ihn Josko nennen durften, auch richtige Bestellungen auf. Schließlich baute er an der Küste ein Haus, für das er alles mögliche benötigte, was im damaligen Jugoslawien nicht zu bekommen war: Silikon in den verschiedensten Farben, verchromte Abdeckscheiben, Aluminium- und Messingschrauben, Steinbohrer für seine Bohrmaschine und ähnliche Kleinigkeiten. Die Wünsche kamen ganz beiläufig, trotzdem brauchte man kein feines Ohr dafür zu haben. Josko verstand es, ein Gespräch so lange um den Punkt zu führen, bis auch der begriffstutzigste Skipper verstanden hatte.

Dafür genoß man dann das Privileg der verkürzten Prozedur. Ein Funkspruch genügte, und schon wieselte der Marine-Dressman herbei, um sich seine Bestellung abzuholen. Da war er sehr gewissenhaft. Er kam an Bord, plauderte ein wenig, trank ein Bier, steckte eine zweite Dose ein und machte, ohne auch nur ein Gesicht oder einen Paß der Mannschaft zu sehen, die Papiere klar. Kein Anstellen, kein Umziehen.

Das war bequem für mich. Ich konnte Fahrpläne machen wie ein Autobus, aber es wurmte mich trotzdem. Nicht daß es mir auf das Bier oder das halbe Kilo Kaffee angekommen wäre. Nur die Selbstverständlichkeit, mit der der „alte Pirat" seine Tasche aufhielt, störte mich. Bei einem fröhlichen Sundowner erörterte ich mit meiner Crew das Problem. Was dabei herauskam, hat Josko bestimmt nicht gefreut.

Für seinen nächsten Besuch an Bord präparierten wir eine Bierdose. Wir bohrten auf der Seite, gleich unter dem Deckel, vorsichtig winzige Löcher. Damit war die Kohlensäure dahin, das Bier zu einem uringelben Gesöff verdorben. Aber das war nur die eine unserer bösen Absichten. So schwer, wie Joskos Tasche jedesmal war, konnten wir annehmen, daß er auch bei anderen Charterskippern getankt hatte. Deshalb würde er nie feststellen können, daß ausgerechnet unsere Dose ein Leck aufwies. Außerdem gaben wir ihm nur jedes zweite, dritte Mal unser angeschlagenes Kuckucksei mit, beobachteten aber dann jedesmal mit Vergnügen, wie ihm die tropfende Tasche, die er gewohnheitsmäßig unter dem Arm trug, seine blütenweiße Uniform versaute.

Kann man den Umgang mit Hafenkapitänen noch mit einem Hinweis auf ihre Individualität aus dem Schulungsprogramm zukünftiger Skipper ausklammern, so ist das Müllproblem ein auf allen Yachten gegenwärtiges Übel, das man nicht einfach mit dem Hinweis übergehen sollte, dem künftigen Skipper würde schon rechtzeitig etwas einfallen.

Was den Leuten nämlich einfällt, wenn ihnen der vor sich hin stinkende Müllberg neben der Pantry über den Kopf wächst, ist naheliegend: Sie versenken den Haufen aus Plastikflaschen, Bierdosen, Butterpapier, Speiseresten, Joghurtbechern und Marmeladegläsern einfach im Meer. Aus den Augen, aus dem Sinn. Andere tun es auch. Deshalb bleibt es doch eine Schweinerei.

Also, wohin mit den Flaschen, Dosen, Bechern, Gläsern, will man den Mist nicht einfach unter den Algenteppich kehren? Vielleicht ins Beiboot?

Tun Sie das nicht! Diese Königsidee hatte schon mein einstiger Co-Skipper Karl P. auf dem Überführungstörn von Mallorca nach Sizilien. Ihm war der stetig wachsende Berg aus Müllsäcken in der Pantry im Weg, deshalb hielt er es für einen guten Einfall, den ganzen Haufen ins nachgeschleppte Beiboot auszulagern.

Super! Plötzlich war wieder Platz im Salon. Karl P. konnte sich zu seiner Idee nur beglückwünschen.

Die Euphorie dauerte allerdings nicht lange. Plötzlich der prallen Sonne ausgesetzt, begann der Mist in den schwarzen Säcken zu faulen und zu gären.

Wir merkten es erstmals, als der Wind in der zweiten Nachtwache allmählich auf West drehte. Und kaum daß die Sonne wieder

aufging, war der Gestank nicht mehr auszuhalten. Er kroch über das Achterdeck durch den Salon bis in den letzten Winkel unserer Kojen, gerade so, als hätten wir einen Blinden Passagier vor Monaten in der Bilge vergessen.

Gestank ist auf einem Schiff nicht so leicht zu vertreiben, wie man glaubt. Auch wenn man alle Luken öffnet und die Frischluft mit Tannenduft aus der Dose anreichert, hängt sich die Pestillenz unter Deck fest – eine Bedrohung für alle Crewmitglieder, deren labiler Magen auf Signale einer empfindlichen Nase reagiert. Daher mußte noch vor dem Frühstück etwas geschehen. „Versenken wir das Beiboot", machte Urheber Karl P. augenzwinkernd einen Vorschlag zur Lösung des Problems. Er hatte noch so einen: „Vielleicht sollten wir uns alle ins Beiboot setzen und den Müll an Deck stapeln." Wir haben später eine einfachere Lösung gefunden.

Seit den Zeiten biblischer Massenspeisungen scheint sich auch im Bereich der Wunder einiges verändert zu haben. Waren es damals Fische und Brote, die sich auf unerklärliche Weise vermehrten, so ist es heute der Abfall. Ein weiterer Unterschied zu damals: Die Müllvermehrung ist kein Einzelfall, sondern eine alltägliche Erscheinung. Was immer man einkauft, letzten Endes ist der Haufen, den man wegschmeißt, immer größer als der, den man gebunkert hat.

Das ist keine Besonderheit der Schiffsökonomie, sondern eine Tatsache, die sich schon in jedem Zwei-Personen-Haushalt beobachten läßt. Doch im Gegensatz zu einer Charteryacht verfügen die meisten Haushalte über eine ausreichend dimensionierte Mülltonne, dazu über einen Papierkorb und vielleicht auch noch über einen Platz, an dem die leeren Flaschen für den Container gesammelt werden.

Charterschiffe sind mit einem Sechs-, Acht- oder gar Zehn-Personen-Haushalt gleichzustellen. Trotzdem kenne ich nur zwei, drei Schiffstypen, bei denen der Konstrukteur überhaupt an den Abfall gedacht hat. Und selbst das nur kurz.

Denn das Loch, durch das der Müll an Bord entsorgt werden soll, ist gerade so groß wie ein Spucknapf für zwei Personen. Darunter könnte man zwar einen größeren Müllsack befestigen, doch das bringt nichts. Füllt sich nämlich der Müllsack, dann läßt sich entweder die Tür des Schapps nicht mehr schließen, oder das pralle Stück paßt nicht mehr durch die Türöffnung.

Beim Thema Yachtkonstruktion (wenn vom Löffelbug die Rede ist) sollte im Segelkurs darauf hingewiesen werden, daß es auf den meisten Charteryachten nicht einmal dieses Spucknäpfchen gibt. Das zwingt zur Müllentsorgung nach dem Verursacherprinzip. Das heißt, jedes Crewmitglied stopft sich den Abfall, den es produziert, bis zum nächsten Landgang in die Badehose oder verstaut ihn in seiner Koje unter dem Kopfpolster.

Oder der Skipper läßt sich etwas einfallen.

Er kann zum Beispiel Plastik-Tragetaschen vor dem Herd oder der Spüle befestigen. Das sieht zwar weder schiffig noch gemütlich aus, ist aber praktisch. Allerdings muß man die geeigneten Taschen erst organisieren.

Unerfahrenen Crewmitgliedern setze ich sie deshalb auf die Packliste – „jeder bringt drei Stück mit“ –, erfahrene Segler bedienen sich unaufgefordert bei der Kasse im Duty-free-Shop. Die Tragetaschen vom Flughafen sind nämlich als Müllsäcke besser geeignet als die henkellosen Dinger, die man in Rollen zu kaufen bekommt, weil man die mangels Schlaufen und Ösen nirgends befestigen kann (auch das müßte einem schon im Segelkurs gesagt werden).

Aber weil sich auch die großen und festen Tragetaschen aus dem Zollfreiladen schneller füllen als gedacht, wollte ich es einmal meinem Skipperkollegen Kuno gleichtun, der mit Mülltrennung angeblich gute Erfahrung gemacht hatte.

„Den Biomüll schmeiß' ich gleich ins Meer", schilderte er mir sein System. „Gemüsereste, altes Brot, schimmeliger Zwieback, Zwetschkenkerne, Pistazienschalen, verfaulte Paradeiser und Kaffeesud, das ist alles Fischfutter; also über die Kante damit. Glasflaschen mußt du zerschlagen, weil sie sonst nicht untergehen. Die Scherben sind vielleicht am Strand unangenehm, weil man sich verletzen könnte, wenn man baden geht, aber draußen im Meer spielen ein paar Scherben keine Rolle. Die armen Fischerln schneiden sich schon nicht."

Auch Bier- und Coladosen entsorgte der Skipper ruhigen Gewissens über diese Reling. „Für mich sind die Sozialwohnungen für obdachlose Einsiedlerkrebse."

„Und der Rest?"

„Die Plastikflaschen lasse ich zerschneiden und ins Meer streuen. Und das wenige, was dann noch übrigbleibt – ich bitte dich –, darauf kommt es doch gewiß nicht an, bei soviel Wasser."

Kunos System war einen Versuch wert. Ich war zwar der Meinung, daß die Krebse ohne unsere Blechbaracken zurechtkamen, und auch die Sache mit den Glasscherben gefiel mir nicht ganz, aber die Mülltrennung an und für sich schien mir sinnvoll.

Also trennten wir: Dosen und Biomüll extra, den Rest wie bisher. Das Experiment nahm jedoch schon am nächsten Morgen in der Bucht von Scedro ein unerwartetes Ende, als wir uns und unseren Müll gegen ganze Schwärme zu allem entschlossener Wespen verteidigen mußten. Die zudringlichen Biester fielen, kaum daß ihnen die Sonne den Start freigegeben hatte, über unsere Bier- und Coladosen her, die wir zwecks Mülltrennung in ein Schwalbennest unter dem Cockpitsüll gestopft hatten.

Als ich die Bescherung bemerkte, war es schon zu spät. Erst versuchten wir, Mückenspray einzusetzen, aber die Anziehungskraft der klebrigen Mischung aus Bier und Cola war sichtlich stärker.

So begann Gerda in heroischem Einsatz, das umschwärmte Schwalbennest auszuräumen. Dose um Dose holte sie mit der Hand aus dem Flugloch und versenkte sie in einer wassergefüllten Pütz. Wir erklärten sie, weil sie dabei nicht gestochen wurde, taxfrei zur Wespenkönigin, doch unser Problem war damit nicht beseitigt. Im Gegenteil. Vom Bier leicht beschwipst und von der Cola aufgekratzt, fielen randalierende Wespenhorden über den Salon und unser Frühstück her. Auf jedes Marmeladenbrot hatten sie es abgesehen, in jedem Zuckerstäubchen wälzten sie sich wie Esel im Sand, über jedem Müsli hooverte eine Wespe. Jede Luke wurde zum Flugloch, durch das die Honigtransporter behäbig wie Frachtflugzeuge in stetig wachsender Zahl aus und ein summten. Es schien, als brächte jeder Heimkehrer mindestens einen Freund aus dem Wespennest mit zum Marmeladenbuffet.

Gegen diese Invasion half nur noch eines: Flucht. Erst weit draußen, nachdem die letzten Wespen Richtung Insel abgedreht hatten, spülten wir das Schwalbennest gründlich durch und verstauten die Dosen wie bisher in einem Plastiksack in der Backskiste. Die Lust auf andere Mülltrennungsexperimente war uns vergangen.

Wenn es zum Frühstück nur noch Margarine statt Butter gibt und die Marmelade zum letzten Mal mit Zuckerwasser gestreckt wird, wenn ein Omelett von drei Eiern auf sieben Leute aufgeteilt wird, wenn der Tee zu einem durchsichtigen Wässerchen verblaßt und der Kaffee zu schwach ist, um noch Flecken zu machen, dann sind das die typischen Zeichen, daß ein Törn unweigerlich zu Ende geht. Es wird nicht mehr nachgekauft, es werden nur noch Reste aufgebraucht.

Wenn der Smutje Talent hat, zaubert er aus den letzten Erdäpfeln und dem Restbestand an Zwiebeln eine Kraftsuppe, die fast französisch schmeckt; oder er verpappt die angebrochene Packung Reis mit der Notration Thunfisch und einigen vergessenen Tomaten zu einem Risotto alla tonno. Das tut er nicht, um seine Kochkunst zu beweisen, und auch nicht, um die Mannschaft satt zu kriegen. Er will lediglich zeigen, daß die Tributzahlungen an die Bordkasse nicht überhöht waren und daß er nicht mit dem Augenmaß eines Blinden eingekauft hat.

Aber der Mann kann noch so ein Koch- und Einkaufsgenie sein, am Ende eines jeden Törns steht er doch wieder vor der Frage: Was tun mit all den Lebensmitteln, Gewürzen, Konserven und Getränken, die ihm noch immer aus dem Küchenschapp entgegenfallen? Denn die Bordalkoholiker, die sonst mit der Regelmäßigkeit einer Ölförderpumpe alle 48 Stunden eine Palette Bier aus dem Kühlschrank gesaugt haben, sind in den letzten beiden Tagen plötzlich zu Weintrinkern mutiert. Die süßen Goscherln wechseln vom gedoppelten Butterkeks zu Wurst- und Käsebroten, und statt des Fruchtsafts gewinnt eine Mischung aus Ouzo, Zitronensaft und Wasser neue Freunde. Und weil mit den Abschiedsfeiern in den Tavernen schon früher als sonst begonnen wird, bleibt der Smutje auch auf allen Köstlichkeiten sitzen, die er sich extra für das Schlußmenü zurückgelegt hat. Schließlich sind da noch die Gummibären und die sauren Drops, die schon einer von der Vorcrew aufs Schiff geschleppt, für die sich aber kein Abnehmer gefunden hat.

Jetzt soll das Schiff gesäubert übergeben werden. Also erhebt sich die Frage: Wohin mit dem ganzen Zeug? Wohin mit den Gummibären? Zum Abfall?

Stellen Sie sich vor, Sie wären Biertrinker und müßten zusehen, wie zehn volle Dosen Bier in den Müllsack wandern. Brächten Sie das übers Herz?

So geht es mir jedesmal am Ende eines Törns. Da stehe ich dann mit meinem Bauchladen und versuche, jedem Crewmitglied ein paar Dinge anzudrehen. Früher habe ich das am letzten Tag, zwei Stunden vor der Schiffsrückgabe gemacht, jetzt beginne ich mit der Auktion meist schon am vorletzten Tag, denn wenn die Seesäcke einmal gepackt sind, rührt keiner mehr etwas an.

„Drei Dosen Thunfisch!" schallt meine Auktionatorstimme durch das Schiff. „Wer möchte drei Dosen Thunfisch mit nach Hause nehmen? Thunfisch in reinem Pflanzenöl, ohne jeden Zusatz. Bestens geeignet für Thunfischsalat. Zum ersten, zum zweiten..." Keine Reaktion.

„Toni, warst du nicht ganz wild auf Thunfischsalat? Hier sind drei Dosen, genug für drei Salate. Wenn du willst, verrate ich dir auch das Rezept."

Geschafft. Der nächste Posten: „Eine Dose attischer Honig. Besonders schmackhaft. Wer will den seiner süßen Freundin mitbringen?" Als Souvenir geht er weg.

Weiter: „Zwei Packungen Spaghetti, unversehrt. Italienische Qualität. Edi, pack sie ein, du schaust ohnedies so schlecht aus." Edi sträubt sich, aber dann nimmt er sie doch. So geht das weiter, Posten für Posten.

Bis eines Tages, auf dem Schlag zwischen den griechischen Inseln Kea und Aegina, nur noch die Gummibären da waren. Eine ganze Packung voll.

Ich ging an Deck damit hausieren. Gab jedem Crewmitglied eine Kostprobe. Drei nahmen an, drei beförderten ihre Bären schnurstracks über die Reling.

Da passierte Seltsames: Der Wind sprang plötzlich an. Kaum daß die drei Gummibären ins spiegelglatte Wasser gehüpft waren, begann sich die Oberfläche zu kräuseln. Eine Brise kam auf, verstärkte sich, mauserte sich zum Segelwind von Stärke drei. Wir konnten Vollzeug setzen. Drei Bären, drei Windstärken – das gab uns zu denken. Sollte es da einen Zusammenhang...?

Ich holte noch einen Bären aus der Packung und schnippte ihn über die Reling. Gespannt beobachteten wir den Windmesser. Tatsächlich, die Bären machten Wind, jeder ein Beaufort. Vier Bären im Wasser, und die Nadel stieg auf Stärke vier.

„Weiter!" feuerte mich die Mannschaft an und versuchte sogar, Hand an den Bärenzwinger zu legen.

Ich verteidigte die Packung tapfer. Ab sofort standen die Gummibären unter meinem alleinigen Kommando. Aber zu einem mehr ließ ich mich noch überreden. Ich opferte den fünften Bären, und wieder legte der Wind zu. Langsam, aber stetig kletterte die Nadel weiter, bis sie fünf Beaufort erreichte.

Damit ist ein Geheimnis der Seefahrt gelüftet: Mit Gummibären kann man Wind machen. Aber warum hat mir das keiner im Segelkurs verraten?

Ich habe die Packung Gummibären vor der Schiffsübergabe ganz hinten im Kartenfach versteckt, mit einem Hinweiszettelchen: „Windmacher". Für die nächste Crew.

Der Arzt, der mich und andere angehende Skipper im Erste-Hilfe-Kurs unter anderem auch über den Unterschied zwischen Nausea gravis, der schweren Seekrankheit, und dem gewöhnlichen Kater unterrichtet hat, war ein Praktiker mit einem Hang zum dramatischen Fach.

Ich erinnere mich lebhaft, wie er eine Art Schwarzwald-Klinik-Atmosphäre in den Lehrsaal zauberte, um uns das Nähen von Wunden an zwei kreidebleichen Tafeltüchern zu demonstrieren. Das Gesicht hinter einer OP-Maske versteckt, die Hände mit Operationshandschuhen geschützt, flickte er die Fetzen mit Nadel, Pinzette und echtem Catgut zusammen, als handle es sich um die Platzwunde am Knie eines Patienten. Die Fäden mit seemännischen

Kreuzknoten gesichert - "dabei können Sie Ihre Seemannschaft unter Beweis stellen" -, präsentierte uns der Praktiker als perfekt versorgtes „Knie" zwei medizinisch vernähte Tafeltücher.

Doch dann - ratsch! - rieß er an den Lappen. Das Catgut hielt, das Gewebe nicht. Die schreckliche Wunde war wieder offen. „Sie hätten das Knie eben nicht nur nähen, sondern auch schienen sollen", zog der Medicus für uns alle die Lehre aus dieser anschaulichen Demonstration.

Von so einem Mann der Tat, der selbst Segler war, hätte ich mir mehr über die Seekrankheit erwartet als Lexikonwissen über die Symptome und deren Behandlung. Weil es doch gerade bei einer Urlaubsmannschaft oft mehr Seekranke als Gesunde an Bord gibt.

Von diesem Arzt und Segler hätte ich mir beispielsweise einen Tip erhofft, wie man sich als Skipper davor schützt, selbst von Übelkeit befallen zu werden - nicht bei schweren Kreuzseen, sondern wenn man all das ertragen muß, was die Seekranken in ihrem würgenden Schmerz von sich geben.

Der medizinisch gebildete Skipper hätte mir auch verraten sollen, wie er es macht, bei Windstärke acht an Deck den Überblick zu behalten und gleichzeitig unter Deck den Kranken und zum Sterben Bereiten den Wunsch nach der letzten Ölung auszureden und sie auf ein Weiterleben im jenseits des Sturmtiefs gelegenen Hafen zu vertrösten.

Ich gehöre bestimmt nicht zu jenen Skippern, die bei jedem Wetter auslaufen, um, wie man so schön sagt, dem Teufel ein Stück vom Schwanz abzusegeln. Aber manchmal trifft es einen draußen, manchmal zwingen einen die Chartertermine dazu, und manchmal muß man es auch einfach riskieren. Selbst dann, wenn Old Meyer atemlos angespurtet kommt und statt des Wetterberichts aufgeregt die Nachricht bringt: „Ich habe gerade den Hafenkapitän mit einem Sturmpflaster hinterm Ohr gesehen!"

Das war in Amorgos. Typisch Meyer! In solchen Sprachbildern dickte er ein, was in den Gerüchteküchen der an der Mole liegenden Yachten brodelte: Draußen kachle es mit acht und mehr Beaufort, die See gleiche, was Buckelhöhe und -form betreffe, einer burgenländischen Kellergasse.

„Allerdings", und jetzt wurde Old Meyer realistisch, „habe ich auch mit dem Skipper einer italienischen Ketsch gesprochen, die eben eingelaufen ist."

„Und?"

„Er meint, es sei alles halb so wild. Aber du kennst ja die Italiener. In ihrem Stolz würden sie niemals zugeben, daß sie in Schwierigkeiten waren, selbst wenn sie sich das Ölzeug von innen naß gemacht haben."

Jetzt war guter Rat teuer.

In solchen Momenten empfiehlt es sich, nach altgriechischer Sitte ein Symposion abzuhalten. In entspannter Atmosphäre ist es leichter, Entscheidungen zu fällen.

„Ich gebe einen aus", verkündete ich daher – ein Angebot, das noch nie seine Wirkung verfehlt hat.

Bei einem Bierchen, auf Wunsch ohne Ouzo, bei Fruchtsaft und einigen griechischen Häppchen erklärte ich der Crew, was ich vorhatte: „Ich möchte auslaufen, auch wenn die Molensegler alle behaupten, es sei nicht ratsam. Ich glaube eher dem Italiener, der war immerhin draußen." Die Crew nickte.

„Wir haben, realistisch gesehen, drei Möglichkeiten", fuhr ich fort. „Ist es so, wie der Italiener sagt, dann kreuzen wir nach Naxos auf. Ist es schlimmer, dann fallen wir ab und kämpfen uns nach Schinousa durch."

„Und wenn es ganz arg ist? So wie gestern?" Susi spielte auf unseren Besuch beim berühmten Kloster Chozoviotissa an, das auf der anderen Seite der Insel liegt. Von dort aus hatten wir beobachtet, wie eine Fallbö nach der anderen das Wasser von der Meeresoberfläche fetzte.

„Dann können wir immer noch umkehren und uns wieder einparken. Unseren Platz nimmt uns inzwischen keiner weg."

„Aber dann sind wir die Blamierten", fürchtete Old Meyer.

„Wieso? Wir können immerhin sagen, wir haben es probiert. Ich seh' da nichts Ehrenrühriges dran."

Das Symposion, das sich noch eine Weile hinzog, endete auch ohne Handheben und Abstimmung mit einer klaren Entscheidung: Wir laufen aus!

Aber weil wir nicht wissen konnten, was uns tatsächlich erwartete, bereiteten wir uns noch gewissenhafter als sonst auf das Auslaufen vor. Wir machten klar Schiff. Mit den Argusaugen eines Feldwebels beim Zimmerdurchgang inspizierte ich persönlich jede einzelne Kabine, um zu sehen, ob alles sicher verstaut war.

Während ich dann an Deck ein Strecktau spannen ließ, damit wir uns auch mit eingehaktem Sicherheitsgurt an Bord bewegen konnten, füllte Lisa die eine Thermoskanne mit Tee, die andere mit Kaffee. Mariechen richtete Brote, die sie sorgfältig einzeln in Nylonsackerl verpackte. „Für alle Fälle“, meinte sie.

„Das Sackerl oder das Brot?“ wollte ich wissen.

„Beides. Erst das Brot zum Essen, dann das Sackerl zum Reinkotzen. Ich bitte nur, die Reihenfolge zu beachten.“

Schließlich war es soweit. Wir krochen ins Ölzeug, legten die Lifebelts an und banden noch am Liegeplatz das zweite Reff ein. Das erregte Aufsehen.

„Ihr wollt doch nicht wirklich...?“

„Doch, wir wollen!“

„Und wenn...“

„Dann sind wir in einer Stunde wieder zurück. Haltet uns so lange einen Platz in der Taverne frei.“

„Die spinnen, die Österreicher“, raunte unser Nachbar deutlich hörbar seinem Nachbarn zu, wünschte uns aber trotzdem gute Fahrt.

„Leinen los!“

Wir waren unterwegs.

Forsch segelten wir aus der Bucht von Katapola. Draußen nahmen Wind und Wetter zwar etwas zu, aber lange nicht so stark wie erwartet. „Wenn das so ist“, faßte Susi die Situation nach einer Weile zusammen, „dann kann ich ja schon mal anfangen auszureffen.“ Sprach's und zog sich die beiden Akkupressurbänder, die sie gegen Seekrankheit trug, von den Handgelenken.

Die Geste riß mich aus meiner Schwerwetter-Erwartungshaltung. Der Italiener hatte recht gehabt. Der Windmesser zeigt vier Beaufort und ein bißchen darüber, die See beruhigte sich, von Kellergassenwetter konnte keine Rede mehr sein. Wir schüttelten das zweite und einige Viertelstunden später auch das erste Reff aus.

Abends beim Sundowner waren wir alle mit Old Meyer einer Meinung: „Die Eitzes von Molenseglern sind genausoviel wert wie der Tip eines Buchmachers beim Hunderennen in Ascot."

„Nein, nicht Ascot", protestierte Lisa, „dort laufen keine Hunde."

Darauf Old Meyer: „Eben deswegen!"

Daß ein abgeschleckter Finger, hoch in die Luft gehalten, verläßlich die augenblickliche Windrichtung angibt, habe ich schon als Zwölfjähriger bei den Pfadfindern gelernt. Wenn aber Leute glauben, daß sie mit dieser Methode und einem kurzen Blick zum Himmel die ganze Wetterentwicklung vorhersagen können, sollte man sich als gewissenhafter Skipper nicht darauf verlassen, auch wenn die Leute mit dem gleichen nassen Finger auf ihre Prognose schwören.

Aber als ich damals von Phinikas auf der Insel Syros auslaufen wollte, um die 22 Seemeilen hinüber nach Kythnos zu segeln, wiegten mich nicht nur Amateurwetterfrösche in Sicherheit. Den ganzen Vormittag wehte es mit jenen erfreulichen vier Beaufort, die tags zuvor der amtliche Wetterdienst angekündigt hatte. Und sogar Radio Austria international, das häufig mit Ansagen wie: „Wetterwerte aus Naxos nicht eingetroffen" die gespannten Erwartungen österreichischer Segler in der Ägäis enttäuscht, meldete an diesem Tag mit Bestimmtheit Wind aus Nordost von 11 bis 15 Knoten, was gleichfalls vier Beaufort bedeutet.

Eine Bilderbuch-Überfahrt, meinte deshalb unser griechischer Freund Antonis, der von seiner Villa über der Bucht bei schönem Wetter bis Kythnos hinübersehen kann. Die Genua allein, versicherte er, werde uns kommod bis vor die Tore von Takis Taverne in Loutra ziehen. Wir könnten uns eigentlich schon die Servietten umbinden.

Es war unser vorletzter Segeltag, bei Takis wollten wir mit einem herzhaften Abendessen Abschied feiern. Doch daraus wurde nichts. Wir hatten noch keine fünf der 22 Meilen zurückgelegt, als der Wind auf Nordwest umsprang und binnen kürzester Zeit auf amtliche neun Beaufort auffrischte. Takis Taverne versank hinter Wellenbergen. Um das Schiff und die Mannschaft zu schonen, mußten wir den Kurs ändern und statt in Loutra im Ormos Stephanou Zuflucht suchen.

Aber ans Essen dachte sowieso keiner, im Gegenteil. Wie bei den zehn kleinen Negerlein verschwand einer nach dem anderen unter Deck; im Unterschied zum Kinderlied waren meine Neger von Anfang an nur sechs und dazu weiß wie die Wand. Unter Deck sah es bald aus wie in den Katakomben der Kapuziner in Palermo: in jeder Nische eine Leiche. Nur mein Navi, der bärtige Altphilologe Karl, harrte mit mir an Deck aus. Er war auch als einziger bereit, mit mir ein Brot, einen Wodka und ein Bier zu teilen. Der Rest der Crew war damit beschäftigt, das verzehrte Frühstück und Mittagessen in kleine Beutel abzufüllen, die ich zwischen Reffen, Reffen und wieder Reffen einzeln an die Fische weitergab.

Drei Stunden dauerte der Kampf. Drei nasse Stunden für Karl und mich, drei endlose, quälende Stunden für die Halbtoten unten.

Als wir endlich das ruhige Wasser des Ormos Stephanou erreichten, kam rasch wieder Leben ins Schiff. Einzeln, wie sie verschwunden waren, tauchten die Bordnegerlein im Niedergang auf.

Der erste war Michi. „Na, geht's dir wieder besser?“ erkundigte ich mich mitfühlend.

„Mir? Wieso besser? Mir ist es nie schlecht gegangen“, konterte er verwundert.

„Heißt das, du hast nur simuliert? Du warst gar nicht seekrank?“

„Ich werde nie seekrank“, entrüstete sich Michi. „Ich habe nur ein bißchen geschlafen.“

„Und hast uns hier oben schuften lassen.“

Michi sah das anders. „Ich war der Meinung, zu zweit schafft ihr das locker. Sonst geht man doch auch immer zu zweit Wache. Ich wollte mich fit halten, falls einer von euch abgelöst werden muß. Außerdem habe ich mein Ölzeug schon eingepackt. Aber du weißt ja: Wenn du mich brauchst, kannst du mich immer rufen.“

Er half mir, das letzte Stück Segel zu bergen. Dann brachten wir wegen der Fallböen beide Anker aus. Sicher ist sicher. Geschafft und vorbei, dachte ich.

Da erschien Sandra an Deck, frisch geschminkt, die Segeltasche gepackt. Reisefertig.

„Ich steige aus“, erklärte sie, und jedes „s“ klang wie das Zischen eines Schweißbrenners.

„Okay, linke Hand an die vordere Griffstange, und dann langsam loslassen“, versuchte ich, mit einem müden Scherz der Situation die Schärfe zu nehmen.

Aber Sandra verzog keine Miene. Zu allem entschlossen zischte sie noch einmal: „Ich steige aus! Wer bringt mich an Land?“

Keiner rührte sich.

„Ich will aussteigen“, wiederholte sie zum drittenmal. Die Hand mit der Segeltasche zitterte vor Anspannung.

„Warum?“ begann ich zu argumentieren. „Es ist doch alles vorbei. Wir liegen hier wie in Abrahams Schoß. Ich koche uns was Feines, und dann ist die Welt wieder in Ordnung.“

Das vom Kochen hätte ich nicht sagen sollen. Ich sah in Sandras Gesicht, wie sich ihre Magennerven erneut verkrampften. Entschlossen reckte sie den Kopf hoch, ihr Arm schnellte wie ein Pfeil Richtung Strand. „Dort will ich hin. Ich fahre nicht mehr mit.“

„Aber was willst du dort? Da gibt’s nichts, kein Gasthaus, kein Hotel, nichts!“

„Doch. Dort sind Häuser, und daneben steht sogar ein Auto. Da müssen auch Menschen sein.“

„Und du meinst, die bringen dich ohne weiteres...“

„Laß das meine Sorge sein“, schnitt sie mir das Wort ab. „Und wenn ich auf den Knien betteln muß, daß man mich zum nächsten Hafen fährt. Ich komme schon weiter.“ Sie sagte es nicht nur, sondern spielte uns das Betteln auf den Knien und das Lenkraddrehen pantomimisch vor. Damit wollte sie beweisen, daß sie es auch ohne Sprachkenntnisse schaffen würde. Aber das Theater trug auch zur allgemeinen Entspannung bei.

„Okay, Sandra.“ Ich arbeitete auf Zeitgewinn hin. „Ich mache dir ein Angebot: Du verbringst die Nacht an Bord, das ist besser, als irgendwo am Strand zu schlafen. Und wenn es morgen früh genauso weht wie jetzt, setzen wir dich an Land. Dann kannst du immer noch schauen, wie du nach Mericha kommst. Das ist der Hafen auf der anderen Seite. Allerdings weiß ich nicht, wann dort die nächste Fähre abgeht. Vielleicht morgen, vielleicht auch erst in zwei Tagen.

Dann versäumst du dein Flugzeug. Und nur damit du weißt, was dich erwartet: Auf der Fähre ist es bei so einem Wetter auch kein Vergnügen."

Sandra fügte sich widerwillig. Sie grübelte aber über meinen Vorschlag gründlich nach, denn bei Nacht hörte ich sie zweimal durch den Salon an Deck schleichen, um nach dem Wetter zu sehen.

Auch ich horchte die ganze Nacht auf den Wind. Aber als ich gegen fünf Uhr den Kopf aus dem Niedergangsluk steckte, hatte sich nichts geändert. Die NERISSA zerrte noch immer wie verrückt an ihren Ankern, wenn die Fallböen durch die Bucht stürmten.

Jetzt mußte ich mir etwas einfallen lassen, denn eines war mir klar: Bei Sonnenaufgang würde die meuternde Lady darauf bestehen, an Land gebracht zu werden. Das mußte ich ihr ausreden.

Sandra wartete nicht auf die Sonne. Ehe ich noch einen Tee getrunken und einen klaren Gedanken gefaßt hatte, stand sie im Salon, übernächtigt und mürrisch.

„Fahren wir!" forderte sie mich gruß- und kompromißlos auf.

„So?" lachte ich und deutete auf Sandras Nachthemd.

Sandra sah an sich herunter. „Ich habe mich doch gestern gar nicht ausgezogen", murmelte sie verwirrt. „Alles andere ist schon eingepackt."

„Auch deine Reisesachen?"

Sie nickte. „Na klar. Meine Koje ist leer." Jetzt erkannte auch sie das Komische der Situation. Der Anflug eines Lächelns huschte über ihre entschlossene Miene.

„Also", scheuchte ich sie zurück, „zieh' dich an, dann setz' dich zu mir, trink' einen Tee und iß zumindest ein paar Kekse. Danach reden wir."

Sie war schon halb auf dem Rückzug, schnellte aber plötzlich herum. „Reden? Worüber?"

„Wie es weitergehen soll", antwortete ich bedächtig, fügte dann aber mit Bestimmtheit hinzu: „Du wirst doch nicht glauben, daß ich dich hier in der Wildnis von Bord lasse?"

Sie ließ die Segeltasche fallen und setzte sich so, wie sie war, an den Tisch. Ich goß ihr einen Tee ein und schob ihr die staubenden Kekse zu, die ich hinten im Schapp gefunden hatte.

Dann ratterte ich los: „Ich möchte dich an Bord nicht festhalten. Die NERISSA ist keine Galeere und kein Sklavenschiff. Aber es wäre unvernünftig, würdest du ausgerechnet hier aussteigen. Es gibt keine Busverbindung nach Mericha und auch keine Gewißheit, daß von dort eine Fähre nach Athen verkehrt. Also vergiß es, sonst versäumst du auch noch das Flugzeug. Du weißt, was das heißt: Linienflug, Normaltarif, endlosen Zores. Ich glaube, da sollte uns was Besseres einfallen."

Zu meiner Überraschung nickte sie, während sie lustlos an einem Keks nibbelte. Daher fuhr ich gleich fort: „Gestern war es ja auch nur so arg, weil euer Pflaster nicht mehr gewirkt hat. Wir hätten es längst erneuern sollen, bei dir und bei den anderen. Außerdem hatten wir gestern den Wind genau von vorn, das ist besonders unangenehm."

Sie knabberte weiter, ohne etwas zu sagen, also versprach ich: „Heute gebe ich dir ein frisches Pflaster, dann richten wir dir hier im Salon einen Platz her, wo du vielleicht die zwei Stunden verschlafen kannst. Nur zwei Stunden müßtest du durchhalten. Etwa so lange brauchen wir, um zur Nordhuk der Insel aufzukreuzen. Danach geht es schon bergab, mit Halbwind bis in den Saronischen Golf. Und dort schleichen wir uns in der Landabdeckung zwischen den Inseln nach Athen."

Ich war mein Lebtag noch nie seekrank gewesen, deshalb konnte ich nicht abschätzen, wie Sandra meine Argumente aufnehmen würde. Aber sie hörte so aufmerksam zu, daß ich hoffte, sie überzeugt zu haben. Da versetzte sie mir einen neuen Tiefschlag.

„Aber die anderen wollen auch aussteigen!"

Das sagte sie so ruhig, wie man einem Taxichauffeur mitteilt, daß er an der nächsten Ecke halten möge.

Damit schaffte sie mich. „Wer? Wer möchte aussteigen?" stotterte ich.

„Alle! Alle außer Karl und Michi. Aber die waren ja auch nicht seekrank."

„Und woher weißt du das?"

„Sie haben es gestern beschlossen, während du das Abendessen zubereitet hast. Sie wollen zurück nach Syros, weil es von dort jede Menge Fähren gibt."

„Aber das ist doch Unsinn!" konterte ich erbost. „Nach Syros sind es drei Stunden."

„Die müssen wir eben durchhalten. Aber dann haben wir es geschafft. Nach Athen hingegen dauert es endlos!"

„Aber warum habt ihr mir das nicht früher gesagt?" fragte ich perplex. „Ich meine, ihr hättet doch gestern..."

„Wir wollten erst abwarten, wie das Wetter heute ist. Ich wäre ja lieber gleich ausgestiegen, aber ich schließe mich der Mehrheit an. Die drei Stunden werde ich schon noch durchhalten."

Gut, daß mich Sandra eingeweiht hatte. So war ich schon wieder gefaßt, als die „Meuterer" die Rede auf ihren Plan und auf Syros brachten.

„Gute Idee", lobte ich, ohne mich auf Diskussionen einzulassen.

Gleichzeitig drängte ich zum Aufbruch. Denn mit dem Umweg über Syros sei es sehr weit bis Athen. Und zumindest Michi, Karl und ich müßten das Boot ja noch zurücksegeln.

Eine halbe Stunde später gingen wir tatsächlich ankerauf. Sandra hatte ich persönlich ein frisches Pflaster hinters Ohr geklebt, dennoch lag sie, aufgebahrt wie das scheintote Schneewittchen, im Salon. Auch Günther hätte gern ein Pflaster gehabt, aber ich bedauerte: „Pflaster sind leider ausgegangen." So verkeilte er sich wie die beiden anderen in seiner Koje. Im Liegen, so versicherte ich ihnen, würden sie bestimmt nicht seekrank werden.

Wir segelten los. Ich ging selbst ans Ruder und drückte die NERISSA so hoch wie möglich an den Wind. Der hatte schon klar auf Nord gedreht.

Als ich nach einer Stunde wendete, sahen mich Michi und Karl erstaunt an. Aber mit dem Finger vor dem Mund bedeutete ich ihnen zu schweigen. Die beiden wußten auch so, was ich vorhatte. Ich segelte um die Nordhuk von Kythnos und weiter bis in den Windschatten von Kea. Hier war das Meer bedeutend ruhiger, der Wind hatte durch die Landablenkung weiter auf Nordost gedreht. Wir hatten das Ärgste hinter uns. Wir schüttelten ein Reff aus, fierten auf und zogen mit gut acht Knoten Speed Richtung Athen davon.

„Karl", bat ich meinen Navi, „hol' drei Dosen Bier und den Wodka herauf, wir haben was zu feiern."

Er grinste. „Du linker Bazillus, du hast das alles geplant. Hast die vier in die Kojen geschickt, damit sie nichts merken."

„Ja", gab ich zu. „Ich hab' damit gerechnet, daß sich die Seekranken bei diesem Seegang nicht aus den Kojen rühren, mindestens drei Stunden lang. Deshalb hab' ich Günther auch kein Pflaster gegeben, obwohl ich noch welche gehabt hätte."

„Und warum hat Sandra eines bekommen?" wollte Michi wissen.

„Der hab' ich nur ein Wimmerlpflaster hinters Ohr geklebt. Ein rundes Hansaplast, weil sie so hysterisch war. Aber du siehst, es wirkt. Sie hat eine lange Nacht hinter sich und holt den Schlaf nach."

„Ich hab' mich ohnehin gewundert, daß du so schnell zugesagt hast, nach Syros zu segeln. Das wäre ja ein Mordsumweg gewesen."

„Ich habe nichts zugesagt“, stellte ich richtig. „Ich habe nur gesagt, daß das eine gute Idee ist und daß wir uns beeilen müßten, wenn wir den Umweg über Syros machen wollen. Den haben wir nicht gemacht, deshalb haben wir jetzt Zeit. Wir können hinter Cap Sounion in die Bucht gehen und dort in aller Ruhe etwas essen. Ich mag den Platz: oben der Tempel, unten die Boote. Das ist so klassisch griechisch. Und wenn die vier Meuterer da unten noch wollen, können sie dort jederzeit aussteigen und mit dem Bus nach Athen fahren.“

Die kleine Schwester der Seekrankheit ist die Landkrankheit, die offenbar von der Wissenschaft noch nicht zur Kenntnis genommen wurde, da sie weder in medizinischen noch in nautischen Fachlexika zu finden ist. Dabei kennt jedes Kind den schwankenden Gang eines Seemanns – ein typisches Symptom der Landkrankheit.

Seekrank kann man auch bei einer Fahrt auf der Hochschaubahn werden, landkrank nur nach einem längeren Aufenthalt auf See. Aber man muß nicht vorher seekrank gewesen sein, um unter der Landkrankheit zu leiden. Auch die ganz Tapferen, die einen Zwei-Wochen-Schlechtwetter-Törn sozusagen auf einem Bein absolvieren, ohne je das Gleichgewicht oder das Mittagessen zu verlieren, können nach dem Landfall die Symptome der Landkrankheit verspüren.

Es sind Gleichgewichtsstörungen. Der Kranke hat plötzlich das Gefühl, der feste Boden, den er nach einer stürmischen Überfahrt wieder unter sich zu haben glaubt, beginne zu schwanken. Das Erdbebensyndrom überträgt sich auf Tische, Teller, Tassen, Gläser, Flaschen, hat aber nichts mit dem Grad der Trunkenheit des Landgängers zu tun. Das unterstellt man den Matrosen nur. Sie haben auch nüchtern einen schwankenden Gang.

Bei Seglern habe ich die Symptome der Landkrankheit häufig nach strapaziösen Nachtfahrten beobachtet. Wenn man sich nach solch einer an Deck durchwachten Nacht in der Hafenkaschemme gemütlich zum Frühstück hinsetzt, scheinen Tisch und Sessel und das ganze Restaurant die trägen Bewegungen aufzunehmen, an die man sich an Bord gewöhnt hat.

Im Vergleich zur Seekrankheit ist die Landkrankheit harmlos. Manchen Seglern genügt es schon, den Tisch mit einem harten Griff zu packen, um sich selbst in den Griff zu bekommen. Andere pressen in starrer Pose beide Hände auf die Platte, um das Schwanken zu stoppen, wieder andere schwören auf ein Rezept, das wegen seiner einfachen Anwendung und sicheren Wirkung in der Seefahrt internationale Verbreitung gefunden hat: Sie trinken einen Klaren.

Es gibt aber noch eine andere Methode, schwere Fälle von Landkrankheit zu kurieren. Mitsegler Dolfi, der ewig seekranke Zahnarzt, der als Hafensmutje schon erwähnt wurde, hat sie entdeckt. Nicht ganz freiwillig, wie er freimütig zugibt. Trotz der schnellen und sicheren Wirkung glaubt Dolfi auch nicht, daß sich seine Naturheilmethode durchsetzen wird, nicht solange auf der Welt noch Klare ausgeschenkt werden.

Bei jenem denkwürdigen Törn durch die Inselwelt Dalmatiens litt Dolfi so schwer wie kein anderer unter Seekrankheit und war daher auch wie kein anderer über jeden Landfall erfreut. Sobald wir ruhiges Wasser erreichten, war er überraschend schnell auf den Beinen und eifrig bemüht, seinen Teil der Bordarbeit zu leisten.

Dolfi drängte es immer, bei den Anlegemanövern eine wichtige Rolle zu übernehmen, sei es, selbst am Ruder zu stehen, sei es, mit Vor- oder Achterleine zu hantieren. So auch in Split, als wir für einen kurzen Einkaufsstopp an der Innenseite der Mole längsseits gehen wollten.

„Ich steige über“, erklärte er und stellte sich auch schon am Want in Positur.

„Es muß aber schnell gehen“, schärfte ich ihm ein. „Bei dem ablandigen Wind bleibt uns nicht viel Zeit.“

Ich dirigierte das Boot an die Mole, Dolfi stieg über – und verhedderte sich mit den Leinen. Ehe er sie durch den Ring scheren konnte, waren wir schon so weit abgetrieben, daß ich das Manöver wiederholen mußte: Eindampfen in die Vorspring.

Dolfi ließ die Leine sausen und wollte auf der Mole ein paar Schritte zurücktreten, um auf unseren zweiten Anlauf zu warten. Doch während wir eine Runde drehten, wurden wir Zeugen, wie Dolfi die Naturheilmethode gegen Landkrankheit erfand. Mit zwei

riesigen Drehschritten, die einem Nurejew zur Ehre gereicht hätten, stolperte er zur jenseitigen Molenkante und plumpste wie Hans Guckindieluft ins Wasser.

Wir konnten nicht anders: Wir lachten laut, als der triefende Dolfi über die Leiter aus dem Wasser stieg.

„Ich war so landkrank, daß ich schwindlig geworden bin“, erklärte er uns seine Balletteinlage, nachdem wir das Boot festgemacht hatten. „Die Mole hat mich richtig abgeworfen. Aber kaum war ich im Wasser, war der Schwindel weg. Jetzt bin ich wieder gesund.“

Seebegräbnisse aller Art

Stechzirkel mit Beinprothese – Die wundersame Gepäckvermehrung – Der geheime Schatz des Charterskippers – Das Häuslmanöver – Der No-beer-Törn – Hochzeitsreise unter weißen Segeln

Es ist für mich immer wieder ein erhebender Augenblick, wenn ich vor einem Törn meinen Schrank öffne und beginne, die Segelutensilien herauszuholen.

Auch die Vorbereitungszeit hat natürlich ihren Reiz: An einem trüben Novembertag an sonnige Buchten zu denken, mit dem Finger auf der Seekarte zwischen den äolischen Inseln zu kreuzen, in Hafenhandbüchern und Navigationshilfen zu schmökern, Ausweich- und Fluchthäfen herauszusuchen, in Bildbänden die intimsten Ankerplätze aus der Luft auf Schwachstellen abzusuchen und ein Besichtigungsprogramm für jeden Geschmack zusammenzustellen – das alles ist Vorfreude in Reinkultur, und die kann es ja fast (aber nur fast) mit der Schadenfreude aufnehmen.

Aber, Hand aufs Herz, so richtig spannend wird es doch erst, wenn es wirklich losgeht: Wenn ich das Ölzeug herauslege und den Lifebelt; wenn ich die T-Shirts abzähle und die Flasche mit dem Sonnenschutzmittel schüttle, um zu hören, wieviel davon noch da ist; wenn ich die Batterien in der Taschenlampe checke, den Filmvorrat ergänze und Tabletten gegen Seekrankheit kaufe; und wenn ich dann alles schön ausbreite, damit ich beim Einpacken nicht die Übersicht verliere. Dann kommt erst die richtige Freude auf.

Als einziges stört mich dabei, daß mein Gepäck von Jahr zu Jahr umfangreicher wird. Ich erinnere mich noch genau, daß ich bei meinem ersten Törn mit einer kleinen Reisetasche auskam. Die Tasche ist dann gewachsen, bis sie nicht mehr zu schleppen war. Dann kam ein zweites Täschchen dazu, das jetzt auch schon wieder ausgewachsen ist. Dazu die Fototasche und meist noch ein Beutel, in den

man alles hineinstopft, was man noch schnell besorgt hat; und zuletzt noch eine Tragetasche aus dem Duty-free-Shop mit heiklem, weil zerbrechlichem Inhalt.

Als ich einmal eine Station zu früh aus dem Bus stieg, wußte ich gar nicht, wie ich die Dinger alle zum Schiff schleppen sollte. Ich mußte mir eine Tasche nach Indianerart über die Stirn hängen. Danach hatte ich drei Tage lang Nackenschmerzen.

Dabei erkläre ich jeder Crew bei der Törnbesprechung ganz genau, was man mitnehmen soll und was unnötiger Ballast ist. Sogar einen Merkzettel drücke ich jedem einzelnen in die Hand. Wenn sich die Damen und Herren daran hielten, könnten sie locker alles im Handgepäck mitnehmen. Aber was passiert? Am Flughafen erscheint jeder mit einer Tasche von der Größe und Handlichkeit eines Kindersargs, weil jeder alles für den Eventualfall eingekauft hat, der nie eintritt. Und am Ende des Törns höre ich dann immer wieder die alte Leier: „Ich hab' viel zuviel eingepackt! Wenn ich das gewußt hätte . . ."

Aber im nächsten Jahr schleppt Er wieder Sakko und Krawatte mit, weil man ja nicht wissen kann, und Sie hat wieder die drei schönen Sommerkleider mit den passenden Stöckelschuhen dabei, obwohl sie im Vorjahr keines davon trug, sondern ganz stolz auf ihre verwaschenen Shorts war.

Manchmal greifen ja die Fluggesellschaften regulierend ein. Sie schicken die Segeltaschen per Jumbo über den Nordpol nach Japan, während der Passagier mit Charterticket nach Athen unterwegs ist. Dieses Mißgeschick, das zwei Mitseglern bei der Anreise zu einem Wochentörn passiert ist, lieferte den überzeugenden Beweis, daß man für einen Urlaubstörn nicht viel mehr braucht, als in einer Damenhandtasche Platz hat. Für zwei Personen!

Auf der Karibikinsel Martinique stand einmal sogar die ganze Crew ohne Gepäck da. Aber wir ließen uns durch diesen Sabotageakt der Luftfahrt nicht von unserem Törn abhalten. Wir kamen zwei Tage auch ohne Gepäck aus und segelten trotzdem. Noch nie war so viel Platz auf einem Schiff.

Natürlich sollte ich für die Crew auch beim Gepäck ein Vorbild sein und nicht mit zwei Taschen reisen, die den Eindruck erwecken, als hätte ich ein ganzes Schiff eingepackt. Aber ich kann nichts dafür. Schuld sind die Charterfirmen, die ihre Schiffe so mangelhaft ausrüsten, daß ich gezwungen bin, mehr und mehr Gerät mitzuschleppen.

Dabei erkundige ich mich immer ganz genau, wie das Schiff bestückt ist, oder lasse mir wenn möglich sogar eine Ausrüstungsliste schicken.

Aber mit den Checklisten eines Charterschiffs ist es wie mit der Speisekarte einer Betriebskantine. Was draufsteht, sagt noch lange nichts über die Qualität des Gebotenen aus. Krautfleckerl können eine wohlschmeckende Hausmannskost sein – oder ein undefinierbarer, geschmackloser Papp. Und unter Broccolisouffé kann ich mir eine französische Delikatesse vorstellen – oder einen aufgeplusterten Mehlteig mit Grünalgeneinwaage.

Speisekarten sind geduldig. Und Ausrüstungslisten auch.

Wer kennt es nicht, das leidige Problem mit den Seekarten? Da finden sich im Schapp unter dem Navi-Tisch zwar alle Karten des Törngebietes, aber keine einzige davon ist brauchbar. Die einen wurden so lange gefaltet, bis sich zwischen den Inseln Gräben auftun, daß man meint, wie weiland Odysseus zwischen Skylla und Charybdis zu navigieren. Andere sind so mit Flecken übersät, als hätten sie in einer sizilianischen Vorstadt-Trattoria eine Woche lang als Tischdecke gedient. Auf anderen wiederum haben Generationen von Navigatorneulingen alles ausgestochen und ausradiert, was der Seefahrt hinderlich sein könnte.

So eine Karte war mir allerdings auch mal nützlich, und zwar bei meiner B-Schein-Prüfung. Da deutete der Prüfer auf ein komisches Zeichen in der Karte und fragte mich, was das zu bedeuten hätte. Ich konnte es zwar erkennen, hatte aber keine Ahnung, was es anzeigen sollte. Deshalb redete ich mich erst einmal auf die radierte Karte aus, wohl wissend, daß der Prüfer sehbehindert war. Er benützte einen „Lesestein“, wie man ihn vor der Erfindung der Brille in mittelalterlichen Klöstern verwendete, eine Art randloser Superlupe, die er über die Karte schob. Bis er diese Lupe ausgepackt und damit festgestellt hatte, daß das Zeichen auf der Karte tatsächlich nur noch undeutlich zu erkennen war, hatte ich Zeit, mir die richtige Antwort einfallen zu lassen.

Für eine exakte Navigation sind solche radierten, zerfledderten, aufgeweichten, fleckigen und meist unberichtigten Karten wertlos, auch wenn einem der Charteragent glaubhaft versichert, daß sich im gesamten Seegebiet schon seit Jahren nichts geändert habe und man die Karten ruhig noch verwenden könne.

Also, was bleibt mir anderes übrig, als neue, eigene Karten zu kaufen und mitzuschleppen?

Auch mit den Hafenhandbüchern habe ich schon meine blauen Wunder erlebt. In der Karibik beispielsweise war nur ein französischer Hafenführer an Bord, obwohl das Schiff hauptsächlich an deutsche oder deutsch sprechende Crews verchartert wurde. Vielleicht sprechen andere Skipper besser französisch, aber meine Kenntnisse reichen gerade für eine Unterhaltung mit dem Kellner im Restaurant. Ich wäre aufgeschmissen gewesen, hätte ich nicht meinen eigenen Navigationshelfer in deutsch mitgehabt. Im Gepäck.

Der Karibikführer ist ein schmales Büchlein, verglichen mit dem mehr als 400 Seiten starken Ringbuchordner des Deutschen Hydrographischen Instituts. Aber auch den schleppe ich mit, seit ich weiß, was einem auf Charterschiffen an Literatur angeboten werden kann. Da versicherte mir ein Eigner am Telefon, daß auf seinem Schiff eben dieses Hafenhandbuch des DHI zu finden sei. Was tatsächlich im Schapp über der Navigation steckte, war eine unvollständige Sammlung von Fotokopien einer längst nicht mehr aktuellen Uraltausgabe, die Wilhelm Buschs „Fliegenden Blättern“ den Namen hätte streitig machen können.

Für einen Törn zwischen Athen und Rhodos braucht man zwei solche Bände, das sind dicke Brocken in jeder Reisetasche. Und dazu kommt noch das ebenso dicke und ebenso schwere Leuchtfeuerverzeichnis.

Auch auf die felsenfeste Zusage, daß sich ein vollständiges Navigationsbesteck an Bord befinde, bin ich schon reingefallen. Dem bordeigenen Zirkel, der mir bei der Übergabe in einer Klarsichthülle präsentiert wurde, brach bei der ersten Berührung ein Schenkel in der Mitte ab. Er war nur mit Kleber notdürftig repariert worden. Mit einem Bleistift als Prothese stelzte der Amputierte dann eine Woche lang bei mir über die Seekarte. Danach wurde er von seinem Leiden durch ein Seebegräbnis erlöst.

Ein anderes Mal waren die Dreiecke so schartig, als hätte jemand versucht, daraus eine Säge zu schnitzen. Jede Kurslinie, die damit gezogen wurde, mußte zu der Diagnose führen, der Navigator leide am Parkinson-Syndrom. Dann wieder waren nur harte Bleistifte an Bord, so hart, daß man damit die Karte in Brailleschrift hätte ritzen können. Ein Blinder hätte die damit eingezeichneten Kurse noch Wochen später ertasten können.

Ehe ich mich mit solchem Ignorantenwerkzeug herumärgere, nehme ich doch lieber mein eigenes Navigationsbesteck mit, samt Bleistift und Radiergummi. Das ist keine große Sache, aber es leppert sich.

Apropos Navigation. Da wurde mir in der Karibik der Mund nach einem Navigationssystem wäßrig gemacht, das angeblich auf Knopfdruck alle nur erdenklichen Daten ausspucke: Geschwindigkeit über Grund, Fahrt durchs Wasser, Speed nach vorn und nach hinten, Wind en groß und en detail, jede Menge Wegpunkte als Vorgabe, kurz: eines von diesen Satellitengeräten, die man eigentlich auch allein auf Törn schicken könnte. Wozu mitfahren? Das Gerät macht alles.

Ich habe trotzdem meinen Handpeilkompaß eingepackt – und gut war's. Denn alles, was das satellitenbefeuerte Gerät machte, war ein schlechter Eindruck. Und den schon im Hafen. Zwei Mann tanzten im Stundentakt an, um den Schaden zu beheben, beide mußten unverrichteter Dinge wieder abziehen. Es gab zwar noch einen Handpeilkompaß an Bord der CYMBELINE, aber bei dem hatte sich eine Vergrößerungslinse gelöst, so daß man weder bei Tag noch bei Nacht die Gradanzeige ablesen konnte. Da war ich schon sehr froh, daß ich mein Gepäck mit meinem eigenen Peili belastet hatte.

Zu den Vorzeigestücken jeder Charteryacht zählen zwei handliche

Boxen, die der Agent bei der Schiffsübergabe meist aus den Tiefen eines unzugänglichen Schapps fischt und dort auch eilends wieder verstaut. Die eine Box enthält pyrotechnische Artikel wie Notraketen samt der dazugehörigen großkalibrigen Signalpistole; die andere ist am aufgemalten roten Kreuz leicht als Bordapotheke zu erkennen. Beides hofft der Skipper nie zu brauchen.

Während er sich aber vielleicht noch die Mühe macht, das Ablaufdatum auf den Signalraketen zu entschlüsseln, da ein Schuß ins Blaue ja immer noch der Seemannschaft letzter Schluß sein könnte, akzeptiert er den Inhalt der Rot-Kreuz-Schachtel unbesehen. Dabei ist ihr Inhalt viel verderblicher als ein robuster Feuerwerkskörper.

Ich ging einmal mit einem Arzt den Inhalt so einer Notfallapotheke durch. Das Ergebnis faßte der Medicus in dem denkwürdigen Satz zusammen: „Mit der Apotheke kannst du zwar noch jemanden umbringen, aber helfen kannst du damit niemandem."

Außer drei steril verpackten Mullbinden, einer Zwanzigerpackung Tampons und einer eingeschweißten Einwegspritze war alles andere zum Wegschmeißen. Die Verfallsdaten der Medikamente waren samt und sonders abgelaufen, und bei den meisten fehlte der Beipackzettel, so daß nur ein eingeweihter Mediziner aus den Namen auf Inhalt und Wirkung schließen konnte. Einige Fläschchen waren leer, eine Salbe zur Behandlung von Blutergüssen war so eingetrocknet, daß sie sich nicht mehr aus der Tube drücken ließ. Die Heftpflaster waren so alt, daß sie kaum noch klebten, und das Leukoplast, mit dem man sie eventuell hätte befestigen können, war wohl als Isolierband verbraucht worden; die Rolle war jedenfalls leer.

Seit dieser denkwürdigen Inspektion mache ich mir bei jedem Törn das Vergnügen, die Rot-Kreuz-Box zu untersuchen. Das Ergebnis ist meist noch niederschmetternder als im erwähnten Fall, denn viele der Erste-Hilfe-Pakete sind so gut wie leer oder mit nutzlosem Zeug gefüllt. Rostige oder zumindest stark oxydierte Pinzetten gehören fast zur Standardausrüstung. Einwegspritzen samt Nadeln findet man zwar in jeder Box, aber nichts, was man damit gefahrlos spritzen könnte. Verbandszeug ist vor allem gegen Ende der Saison selten, weil Pflaster und Mullbinden zwar entnommen, aber nicht wieder nachgefüllt werden.

Daran sind nicht nur die Skipper schuld. Ich habe einmal auf telefonisch eingeholten ärztlichen Rat der Bordapotheke eine Packung mit Antibiotika entnommen, weil ein Crewmitglied unter heftigem Durchfall litt. Ich habe die Entnahme im Logbuch vermerkt und das Mittel auf die Mängelliste gesetzt, die ich dem Eigner bei der Schiffsübergabe überreichte. Im nächsten Jahr fehlte das Antibiotikum noch immer.

Ist es da ein Wunder, daß ich auf alle meine Törns eine eigene, von einem reisefreudigen Pharmazeuten zusammengestellte Bordapotheke mitnehme, die natürlich ihren Platz im Fluggepäck braucht?

Bei meinem Segelzeug findet sich noch eine zweite Schachtel, die mit einem breiten Klebeband so gut wie versiegelt ist zum Zeichen, daß auch ihr Inhalt nur für ausgesprochene Notfälle gedacht ist. Die Schachtel habe ich versiegelt, damit ich nicht leichtfertig danach greife, denn sie enthält ein paar Kostbarkeiten, vergleichbar nur mit den österreichischen Reichskleinodien oder dem britischen Kronschatz. Diese Schätze sind auf Charterschiffen nur höchst selten, meist aber gar nicht zu finden, nicht einmal in versperrten, nur dem Eigner und dem Skipper zugänglichen Geheimfächern. Hätte ich nicht meine Schachtel, müßte ich glauben, daß es diese Kostbarkeiten nur in der unglaubwürdigsten aller Seemannsgeschichten gibt. Sie beginnt mit den märchenhaften Worten: „Es war einmal ein gut ausgerüstetes Schiff . . .“

Bei den Kleinodien, die ich wohlverwahrt in meinem Gepäck mitschleppe, handelt es sich um Reserveschäkel: um Schraub-, Schnapp- und Wirbelschäkel unterschiedlicher Größen, wie man sie an Bord für die verschiedensten Zwecke immer wieder braucht. Ich hätte nichts dagegen, wenn mir solche Schäkel abgezählt übergeben würden und ich für jeden, den ich verwende oder verschlampe, Rechenschaft ablegen müßte, falls ich nur die gängigsten Typen davon an Bord hätte. Aber *das* Charterschiff gibt es noch nicht.

Mit den Bändseln ist es genauso, obwohl die billiger und wesentlich leichter zu beschaffen sind. Alle Augenblicke braucht man unterwegs so ein Stück Schnur, um etwas zu sichern, festzulaschen, anzubändseln oder zu reparieren. Aber wo man auch kramt, es ist kein

Ende in Sicht. Man findet Festmacher, Leinen, vielleicht auch eine Reserveschot, aber Bändselgut sucht man meist vergeblich. Also packe ich ein, was sich im Lauf des Jahres bei mir zu Hause an gedrehten und geflochtenen Schnüren ansammelt. Es geht schon noch rein in die Tasche.

Als Charterskipper habe ich mich längst daran gewöhnt, Abstriche zu machen. Daß das „Marinefernglas" auf der Ausrüstungsliste dann russischer Herkunft und so zerkratzt ist, daß man es mit einem Kaleidoskop verwechseln könnte; daß von den vier Taschenlampen keine einzige funktioniert; daß das Innenleben der Thermoskanne aus Glassplittern besteht, weil sie die Vorcrew wie einen Tennisball hat aufspringen lassen, über all das kann ich hinwegsehen.

Wirklich ernst wird es erst, wenn an Bord eines der drei „K" fehlt: Kompaß, Kühlschrank, Kiste Bier.

Von den dreien hat mich der Kompaß bis jetzt noch nie im Stich gelassen. Einmal hat er es mit zehn Grad Fehlanzeige versucht, aber da sind wir schnell dahintergekommen. Beim Zangltörn von Catania nach Split hat er sich in geheimnisvolles Dunkel gehüllt, aber auch das hatten wir ihm bald ausgetrieben. Eine Taschenlampe, rotes, durchsichtiges Papier vom Geheimratskäse darüber, das Ganze an die Steuersäule gebändselt, und schon war die Kompaßbeleuchtung wieder okay.

Mit dem Kühlschrank geht es nicht immer so einfach. Ausgerechnet im Saunaklima der Karibik blamierte mich einer vor der ganzen Crew. Ich hatte während des Zwischenstopps in der Marina von Trois Ilets auf Martinique die große Kühlbox mit allem vollgestopft, was gut, flüssig und in Dosen abgefüllt ist. Die Crew, die erst um Mitternacht eintraf, sollte aus dem Kalten schöpfen können.

Schon daraus wurde nichts, denn die Batterie auf der OPHELIA war so schwach, daß sie sofort zusammenbrach. Vielleicht war ihr auch nur zu heiß. Den Versuch, der Batterie mit der Maschine unter die Arme zu greifen, mußte ich nach wütenden Protesten der Stegnachbarn aufgeben. Der Dieselgestank war in dem engen Hurrikanloch, in dem sich kein Lüftchen rührte, wirklich nicht auszuhalten.

Außerdem hätte eine Stunde Motornachhilfe nichts gebracht, wie sich am nächsten Abend herausstellte. Wir ließen, um des lieben Biers und auch der anderen Getränke willen, die Maschine beim Segeln die ganze Nacht mitlaufen. Der Erfolg war niederschmetternd. Frühstückskaffee und Bier unterschieden sich in der Temperatur nicht wesentlich, und bis Mittag holte das Bier noch einige Grade auf.

Zum Glück verfügte die OPHELIA über einen zweiten Kühlschrank, der war aber so klein, daß sich dort schon unsere Butter-, Käse- und Schinkenvorräte nicht an-, sondern ineinander schmiegten. Aus Platzmangel konnten wir also nur jeweils drei, vier Dosen nachlegen. Die hatten aber keine Chance, richtig kalt zu werden, weil immer schon ein Durstiger vor dem Kühlschrank hechelte.

Daß sich die Kühlfrage unter der sengenden Sonne des südlichen Sommers nicht immer erwartungsgemäß lösen läßt, ist mit den Grundgesetzen der Wärmelehre zumindest erklärbar. Aber ich stand einmal auch mitten im Winter mit einem warmen Kühlschrank da und wußte nicht, wie ich das Schlagobers für die Neujahrstorte bei Laune halten sollte, damit es nicht sauer reagierte.

Es war unser erster Wintertörn, bei dem mir das passierte. Wir hatten alle keine rechte Vorstellung, wie warm oder kalt es wohl um Neujahr in der Adria werden konnte, deshalb richteten wir uns auf das Schlimmste sein. Mamas kiloschwerer Pullover und die dicken Schafwollsocken, Sturmhaube und himalayaerprobte Handschuhe machten den größten Teil unseres Gepäcks aus. Wir stellten Wachpläne auf, nach denen der Rudergänger schon nach einer halben Stunde abgelöst werden konnte, weil wir überzeugt waren, daß man es bei Wind, Nacht und Kälte keine Minute länger aushalten würde.

Mir kam bei dieser Überführung, die von Grado nach Dubrovnik ging, eine wichtige Rolle zu. Ich war nicht der Skipper, sondern sollte als Smutje dafür sorgen, daß die Mannschaft bei der zu erwartenden Kälte mit warmen Speisen und heißen Getränken bei Kräften gehalten wurde. Der Vorgabe entsprechend kaufte ich ein. Auch Verderbliches, darunter besagtes Schlagobers. Frisches, denn das schmeckt besser als das pasteurisierte.

Die erste Überraschung erlebten wir schon in Grado. Dort war es am zweiten Weihnachtsfeiertag so warm, daß wir hemdsärmelig darangingen, die PORCIA segelklar zu machen. Auf der Mängelliste, die wir dabei anlegten, stand auch: Kühlschrank kaputt.

Na und? sagte ich mir und packte alles Verderbliche erst in Plastik und dann in einen salzwassergetränkten Jutesack. Vom Fahrtwind umweht, mußte das einen Kühlschrank ersetzen. Dachte ich.

Doch der Wind kühlte nicht. Vielleicht bei Nacht ein bißchen, aber bei Tag brannte unbarmherzig die Wintersonne aufs Deck und heizte meinen Kühlsack auf.

Ich konnte die Lebensmittel gar nicht schnell genug verkochen, um sie vor dem Verderben zu retten. Mir brach das Herz, als ich auf der Höhe von Dugi Otok sechs Schweinekoteletts an die Fische verfüttern mußte – ohne Umweg. Sie hatten unser Silvestermenü werden sollen.

Neujahr feierten wir in Trogir an Deck. Bei 18 Grad und Sonnenschein ließen wir die Korken aus den meerwassergekühlten Sektflaschen in die Adria hüpfen. Das Schlagobers, um das mir so bang gewesen war, hatte durchgehalten. Es gab also doch Torte.

Daß ich auch mit dem dritten K, der Kiste Bier, jemals Probleme haben könnte, schien mir selbst in meinen Angstträumen unwahrscheinlich. Eines Besseren wurde ich erstmals in Rhodos belehrt. Dort sollten wir am Abend des ersten Weihnachtsfeiertags auslaufen. Da wir erst am 24. Dezember um zwei Stunden vor Mitternacht auf der Insel eintreffen sollten, machten wir uns schon im Flugzeug Gedanken, wie wir unsere mitgebrachten Freßpakete ergänzen konnten und ob es uns wohl gelingen würde, zumindest eine Notration an Getränken – das Wort Bier wagte keiner auszusprechen – zu ergattern. Wir hatten wenig Hoffnung und trösteten einander mit dem Gedanken, daß wir ja beim ersten Zwischenstopp in Astipalaia oder spätestens in Milos Getränke und Proviant einkaufen konnten.

Unsere Sorge war unbegründet. Als wir ausschwärmen wollten, um bei den Kiosken und Restaurants der Stadt zusammenzuraffen, was wir kriegen konnten, entdeckten wir unmittelbar am Hafen ein offenes Geschäft. „Proviant und Yachtausrüstung“ verhieß seine Aufschrift, und ein schneller Rundumblick ergab, daß hier wirklich alles vorrätig war. Das Gespenst vom Hungertod war gebannt, die

Vision von sonnengebleichten Skeletten in Sanddünen verflogen, als der Geschäftsmann für uns Getränkebox auf Getränkebox stapelte und Schachtel um Schachtel mit Proviant füllte. Die zwei Flaschen Sekt, die den Turm krönten, waren ein Festtagsgeschenk des ob des guten Geschäfts hocherfreuten Hausherrn.

Nachdem wir die Rechnung beglichen hatten, konnten wir uns allerdings die Frage nicht verkneifen, wieso er sogar am Weihnachtsfeiertag in seinem Geschäft zu finden gewesen war.

Da zeigte der Yachtausrüster sein goldigstes Lächeln und antwortete im schönsten Jiddisch: „Möchten verzeihen die Herrn, aber es ist doch nix *mein* Feiertag."

Rhodos war ein Fingerzeig, eine erste Warnung des Schicksals. Als es im Sommer darauf tatsächlich passierte, reagierten die Crew und ich dennoch verstört. Wir konnten es einfach nicht fassen und wollten uns nicht damit abfinden, daß es für uns in ganz Dalmatien kein Bier geben sollte. Was hatten wir bloß angestellt, daß uns die Erynnien so hart bestraften?

Daß wir vor dem Auslaufen in Makarska kein Bier gebunkert hatten, war unsere eigene Schuld. Wir hatten so lange herumgetrödelt, bis das Duty-free-Shop schon dichtgemacht hatte, als wir dort auftauchten.

Macht nichts, trösteten wir uns schnell, schon morgen sind wir in Split, dort können wir uns mit allem eindecken, was das Herz begehrt. Hoch mit dem Aker!

Obwohl Sonntag war, stand der Zollfreiladen in Split offen, aber wir hatten Pech: Das Bier war ausgegangen. „Morgen nachmittag kommt die neue Lieferung", zirpte die Verkäuferin, doch so lange wollten wir nicht warten. Also auf nach Milna.

Dort in der Marina das gleiche bedauernde Kopfschütteln. „Wir warten auf die Lieferung aus Split. Sie sollte heute kommen", versicherte uns der Manager und gab uns zu verstehen, daß wir nicht die ersten waren, die von Split eigens wegen des Biers nach Milna gekommen waren. Als ob uns das ein Trost gewesen wäre! Das Angebot, es mit einem jugoslawischen Gebräu zu versuchen, lehnten wir entrüstet ab. Noch.

Als das Bier auch am Donnerstag mittag noch nicht eingetroffen war, legten wir in Panik ab. Vielleicht war in Hvar noch Bier aufzutreiben. Aber der böse Fluch folgte uns. Auch in Hvar waren die Plünderer schon am Werk gewesen: kein Bier im Duty-free. Und vor nächster Woche keins zu erwarten.

Das machte uns mürbe. Der Not gehorchend, kauften wir eine Packung Jugo-Bier. Aber die Jagd gaben wir nicht auf. Ein innerer Zwang trieb uns weiter. Am Donnerstag in Corcula wurden wir endlich fündig. Wir kamen gerade zurecht, als von einem Schiff palettenweise das begehrte österreichische Bier ins Duty-free-Shop geschafft wurde. Nun gab es nur noch eine Hürde zu nehmen: Das Geschäft hatte offiziell geschlossen, und der griesgrämige Manager war nicht bereit, uns auch nur eine Dose zu verkaufen.

Aber da stand ein rotnasiger Listenführer, an den machte ich mich heran. Es gelang mir relativ leicht, sein Verständnis für unser Wüstentrauma zu wecken. Sobald er die Ware zur Gänze übernommen hatte, würde er sich unserer erbarmen, gab er zu verstehen.

Wie griechische Katzen um den Fischmarkt, so strichen wir um das Bierdepot, bis wir nach einer weiteren quälenden halben Stunde zu unserem ersehnten Gerstensaft kamen.

Der Bann war gebrochen.

Die trockene Segelwoche ging trotz des Happy-Ends als No-beer-Törn in unsere Segelgeschichte ein. Die damaligen Crewmitglieder erinnern sich selbst heute nur mit einem sandigen Würgen im Hals daran.

So wie der No-beer-Törn haben auch alle meine anderen Segelwochen einen Namen bekommen. Ich habe nämlich ein einzigartiges Gedächtnis: Ich merke mir überhaupt nichts, wenn ich mir nicht Eselsbrücken baue. Daß der Zangltörn vom Zangeln, also vom Reparieren, seinen Namen bekam, ist, wie man heute so schön sagt, logo. Beim „Häuslmanöver-Törn“ ist es aber wohl notwendig, diese Wortschöpfung zu erklären. Ihre Geburt erfolgte während eines sommerlichen Kykladentörns, bei dem auch das zweite Reff nicht verhindern konnte, daß wir zeitweise die Relingstützen durchs grüne Wasser zogen.

Die Crew gab sich tapfer und fröhlich, aber aus Erfahrung und aus einigen Bemerkungen schloß ich, daß meine Sommersegler Angst davor hatten, bei dieser Gewalttour unter Deck zu gehen. Sie wußten, sie würden unten sofort seekrank werden.

Um den Streß zu lindern und das Wohlbefinden der Truppe mit einer schnell gebrauten Suppe aufzumöbeln, ließ ich ein simples Manöver fahren, bei dem am Ende der Mast wieder senkrecht steht und das Boot ruhig in der Welle liegt: Ich ließ beidrehen.

Die Pause wurde aber nicht nur zum Suppekochen und Essen genützt. Wie ich erwartet hatte, machte sich ein Crewmitglied nach dem anderen auf den Weg nach unten. Das Häusl, wie das WC im Wiener Jargon in Erinnerung an die kleinen Misthaufenhütten früherer Tage genannt wird, wies während des Beidrehens eine Besucherfrequenz auf, die sonst nur in Jumbojets nach dem Erlöschen der „Fasten-seatbelts"-Anzeige erreicht wird.

Der Meltemi zwang uns in den nächsten Tagen noch einige Male zum Beidrehen, doch die Crew wollte bis zum Ende des Törns von diesem seemännischen Ausdrucks nichts wissen. Für sie war Beidrehen immer das „Häusl-Manöver".

Es ist mir manchmal schwergefallen, einen Törn mit einem Beiwort zu charakterisieren, und mehr als einmal war ich nahe daran, es bei einem einfallslosen „ersten Sizilientörn" bewenden zu lassen. Daß mein vierter Ägäistörn nicht so banal benamst wurde, ist der plötzlichen Erkenntnis zuzuschreiben, die ich bei einem Schluck Retsina im Hafen von Pythagoreion gewann.

Bei diesem Glas Wein fand ich nämlich heraus, daß die Crew gar nicht der Haufen armer Studenten und mittelloser Berufseinsteiger war, für den ich sie gehalten hatte. Ich hatte während der ersten Woche immer danach getrachtet, den Törn so kostengünstig wie möglich zu gestalten. Wenn man preiswert einkauft und selbst an Bord kocht, kann man doch einiges sparen. An diesem Abend aber hatte die Crew im besten Lokal der Stadt diniert und auftragen lassen, was gut und teuer war. Als dann der letzte Löffel Saft des Krakengulaschs aufgetunkt, die letzten Reste des Honig-Joghurts aufgeschleckt und die letzten Tropfen des selbstgekelterten Retsina ausgetrunken waren, wurde ich aufgefordert, die Rechnung aus der Bordkasse zu begleichen.

Das ist an und für sich nicht ungewöhnlich. Bei meinen Törns wird die Bordkasse nach einem einfachen System geführt: Jeder zahlt einen bestimmten Betrag ein, und jeder, der etwas für die Allgemeinheit auslegt, kriegt es aus der Bordkasse sofort bar zurück. Das spart die sonst übliche Zettelwirtschaft, einen Buchhalter, lange Rechnereien und viel Ärger. Und wenn sich die Crew einig ist, dann wird auch die Restaurantrechnung aus dem großen Topf bezahlt.

Die unerfreuliche Folge dieses erfreulichen Gemeinschaftsdenkens ist allerdings immer die gleiche: Nach so einem Dinner herrscht Ebbe in der Kasse. Und darüber machte ich mir jetzt Gedanken. Ganz vorsichtig schnitt ich, während wir alle am vorläufig allerletzten Fluchtachtel nippten, das leidige Thema Geld an. Da erhob sich mein schon etwas angeheiterter Co-Skipper und klärte mich liebenswürdig auf: „Skipper, reg' dich nicht auf! Von denen da", er faßte mit einer Handbewegung die Crew zusammen, „von denen da verdient keiner unter ...zigtausend." Und er nannte eine Summe, bei der ein gewissenhafter Finanzbeamter hellhörig werden sollte.

„Morgen", so versprach mein Co, „wird die Kasse wieder aufgefüllt. Mach' dir da keine Sorgen. Die da", wieder die kreisende Handbewegung, „sind lauter Geldschweine."

So kamen der vierte und auch der fünfte Ägäistörn zu ihren Namen. Der vierte ging als „Geldschwein-Törn" in mein Logbuch ein, die Crewmitglieder des fünften wollte ich im Gegensatz dazu als „Sparschweine" apostrophiert wissen. Das schien mir akzeptabel.

Ein Navigator an Bord ist gut, zwei sind besser, vier sind der absolute Horror. Die vier, die ich an Bord genommen hatte, waren zudem noch gar keine richtigen Navigatoren, sondern Schiffsführerlehrlinge, fest entschlossen, binnen Wochenfrist den Segelschein zu erwerben und damit zum Skipper zu mutieren.

Mit der Theorie waren sie bereits bis obenhin vollgestopft, jetzt ging es darum, wahre Werte auf die Karte zu bringen; denn in ihrer navigatorischen Praxis, so gaben sie freimütig zu, seien noch manche Lücken zu füllen. Dazu hatte sich jeder seine Karten und sein Navigationsbesteck mitgebracht, denn die vier navigierten zwar unabhängig voneinander, aber gleichzeitig. Einer in der Navigationsecke, zwei am Salontisch, einer in der Pantry stichelten, kritzelten und radierten sie auf ihren Karten herum. Ergaben sich Differenzen, so wurde ich als Schiedsrichter angerufen.

Das ging so ohne Unterbrechung. Selbst bei Nacht waren immer zwei nach einem selbstgewählten Wachrhythmus damit beschäftigt, sämtliche Möglichkeiten der Standortbestimmung auszuprobieren. Das eine oder andere Mal mußte ich sogar die „Seemannschaft“ zu Hilfe nehmen, um mein Wissen etwa über die abgestumpfte Doppelpeilung wieder aufzufrischen. Schließlich wollte ich mir vor den Lehrbuben keine Blöße geben.

Drei Tage und zwei Nächte lang wurde jede Schiffsbewegung auf der Karte vierfach festgehalten, jede Abweichung vom Kurs vierfach registriert, jedes Leuchtfeuer von vier Stoppuhren identifiziert, jeder Kirchturm von vier Peilgeräten gleichzeitig aufs Korn genommen. Die Seekarten waren mit Eintragungen übersät, die Bleistifte vom vielen Anspitzen zu Stummeln geschrumpft.

Nach etwa 60 Stunden erschienen meine vier arbeitswütigen Navigatoren geschlossen an Deck, jeder mit einem Bier in der Hand. Das fiel auf, denn bis dahin hatte keiner eine Flasche oder Dose angerührt.

„Was ist?“ forschte ich deshalb überrascht.

Da lachten die vier, und Gerhard meinte: „Jetzt rauchen die Dreiecke schon. Jetzt wollen wir noch ein bißchen segeln.“ So klang die Segelwoche noch angenehm aus. Als „Törn der rauchenden Dreiecke“ aber wird sie mir in Erinnerung bleiben.

„Der spinnt!“ – „Der hat die Leinen falsch aufgeschossen!“ – „Der ist verrückt!“ – „Den hat der Großbaum am Kopf gestreift!“ Die Wortwahl ist verschieden, der Inhalt der Kritik aber immer der gleiche: Charterkapitäne müssen verrückt sein. Ich muß verrückt sein, wenn ich meinen ganzen Urlaub auf einem Segelboot verbringe und mir dazu einen undisziplinierten Haufen Chartergäste aufhalse.

Noch härter fallen die Kommentare aus, wenn es um Weihnachten geht. Da hat mich dann der Großbaum nicht nur gestreift, sondern voll am Kopf getroffen. Daß man im Sommer segelt, sich beim Badehosentörn einen Sonnenbrand holt, daß man da vielleicht auch mal mit schlechtem Wetter zu kämpfen hat, das wird von Nichtseglern noch akzeptiert. Aber zu Weihnachten? An den Feiertagen? Mitten im Winter?

Ich habe darüber mit Toni diskutiert, unserem Benjamin, der erstmals mit dabei war, als wir – wie schon erwähnt – eine Bavaria 44 von Ancona in die Türkei überführten. Es war Heiliger Abend, und wir waren am frühen Nachmittag von Bari in Richtung Korfu ausgelaufen. Am Bugkorb festgezurrt war unser „Weihnachtsbaum", ein Fichtenzweig, der von den Positionslichtern rot und grün beleuchtet wurde.

Toni und ich hatten gerade unsere Wache beendet. Jetzt saß ich mit ihm in der Dänmmerung an Deck, dick vermummt, weil es weihnachtlich kalt war. Um den Anlaß zu feiern, hatten wir eine Flasche Barletta entkorkt, der wir langsam den Garaus machten, während an Steuerbord der Lichterglanz der italienischen Küste vorbeizog.

„Das ist schöner als jeder Christbaum", meinte Toni mit einem Anflug von Ergriffenheit und deutete zur Küste.

„Und viel feierlicher", ergänzte Max vom Ruder her.

„Trotzdem halten uns die Leute für verrückt", gab ich zu bedenken.

„Mich berühren solche Äußerungen nicht." Toni wärmte den Barletta zwischen seinen dicken Handschuhen. „Die Leute sind nur neidisch, weil sie sich selbst nichts mehr zutrauen. Heute glaubt doch jeder, wenn er dreißig Folgen ‚Denver Clan' überstanden hat, hat er auch schon was erlebt."

„Korrekt", stimmte Max zu. „Wenn man manchen Leuten zuhört, fragt man sich, ob sie noch imstande sind, Fernsehen und Wirklichkeit auseinanderzuhalten."

„Das sind die gleichen Leute, die sich kopfschüttelnd das Maul darüber zerreißen, daß Segler immer nur vom Segeln reden." Toni kam langsam in Rage. „Dabei vergessen sie ganz, daß wir, zumindest in den meisten Fällen, Selbsterlebtes erzählen, während sich ihre Gemüter an der vierten Wiederholung eines patscherten TV-Moovies erhitzen." Wie um das Gesagte zu besiegeln, nahm er einen hastigen Schluck vom Roten.

„Wenn es um die Frage Hausschuhe oder Decksschuhe geht, dann habe ich sie für mich schon beantwortet“, stellte ich klar. „Ich brauche keine Abenteuer im Kopf, wenn ich sie realiter erleben kann. Und was Weihnachten betrifft, so kenne ich viele, die heute den kleinen, kalten Salon dieses Schiffes heimeliger fänden als ihr Sieben-Zimmer-Eigenheim samt Zentralheizung und Christbaum. Frohe Weihnachten!“ Ich stieß mit Toni an, dann reichte ich Max am Ruder mein Glas.

„Frohe Weihnachten!“ wünschte auch er uns und nippte vom Roten. Max machte sich nicht viel aus Wein.

Er sah auf die Uhr. „Bei uns zu Hause wird es jetzt schon recht hektisch zugehen“, begann er zu erzählen. „Bei uns ist an Weihnachten immer Streß. Weil der Baum nicht gerade steht und die Kerzen verbogen sind, weil das Essen nicht fertig wird oder die Geschenke nicht eingepackt sind – oder weil der Schwiegervater die grüne Krawatte zum blauen Anzug genommen hat.“

Beim Stichwort Schwiegervater lachte Toni hell auf. „Bei meinem Schwiegervater muß ich mir zu Weihnachten immer Fotos von toten Schweinen ansehen.“

„Von was?“

„Bilder von toten Schweinen. Mein Schwiegervater ist Fleischhauer und hat früher bei den Bauern die Hausschlachtungen gemacht. Schwarz im Krieg und nachher legal. Und von jedem dieser Schweine gibt es ein Foto: Sau mit offenem Bauch und er daneben, ein ganzes Album voll. Und das Album hat er je-des-mal“, er betonte das Wort Silbe für Silbe und wiederholte es noch, „je-des-mal zu Weihnachten vorgeholt. Zu jedem toten Schwein gab es eine eigene Geschichte, auf die er ganz stolz war. Aber weil er sich die Namen der Bauern nicht merken konnte, gab es deswegen den ganzen Heiligen Abend mit der Schwiegermutter Streit. Da ist mir das ‚frohe Weihnachten‘ immer nur schwer über die Lippen gekommen.“

„Bei uns daheim wird zu Weihnachten immer unheimlich gefressen“, meldete sich jetzt Georg, der zusammen mit Max Wache hatte; er hatte die ganze Zeit im Niedergang gestanden und zugehört. „Da wird eingekauft und gekocht und gefressen, daß ich nie weiß, wer mehr gestopft ist, die Weihnachtsgans oder die Familie. Sind ohnedies alle zu dick. Das ganze Jahr über nehmen sie ab – angeblich –, aber zu den Feiertagen werden alle Diäten und guten Vorsätze vergessen. Bei Tisch wird kein Wort gesprochen, weil jeder den Mund so voll hat, und nachher hocken alle vorm Deppenkastl und sehen sich das weihnachtliche Rührstück an. Dabei darf man wieder nicht reden. Und da fragen sie mich, warum ich gerade zu Weihnachten segeln geh'."

Georg stand noch eine Weile schweigend im Niedergang. Dann kletterte er bedächtig an Deck, pickte seinen Lifebelt sorgfältig in die Sicherheitsleine ein, richtete sich wieder auf und zog sich die wärmende Mütze vom Kopf. Schweigend stand er da, die Hände auf dem Großbaum und blickte aufs Meer und die Lichter der Küste hinaus.

Das Schiff zog leise rauschend seine Bahn.

Einen Deut lauter als das Geräusch der Wellen begann Georg zu zitieren: „In jener Zeit erging von Kaiser Augustus der Befehl . . ." Er stockte, sammelte sich und versuchte weiterzusprechen: „Erging von Kaiser Augustus der Befehl . . ."

Weiter kam er nicht. Er stand nur da, den Kopf im Nacken, als suche er den Himmel nach dem Stern von Bethlehem ab. Dann zog er sich mit einem Ruck die Mütze über die Ohren, wandte sich an uns und sagte fröhlich: „Den Rest kennt ihr ja. Frohe Weihnachten!"

Wenn ich nach dem letzten Törn der Saison übernächtigt im Flugzeug sitze, wenn der Verfallsprozeß einsetzt, der Erlebnisse zu Erinnerungen werden läßt, die wie Sonnenbräune viel zu schnell verblassen, dann beginne ich zu überlegen, wie ich mir mein Los als Charterskipper erleichtern könnte.

Und wie in einem kitschigen Film taucht da in meiner Phantasie immer wieder eine Braut auf. Nein, nicht meine Braut, sondern *eine* Braut. Ganz in Weiß, auf weißem Schiff. Das Schiff als schwimmende Hochzeitskutsche. Und ich bin der Kutscher.

Ganz klar: Das Paar, das bei mir so einen Honeymoontörn bucht, hätte alle Möglichkeiten: Es nennt Ort, Zeit und Schiffsgröße (oder

Preis), und wir stehen zum vereinbarten Tagessatz bereit. Wir, das sind mein Co (kann auch eine Dame sein) und ich. Und wir stehen nicht nur bereit, sondern auch zu Diensten.

Wir machen alles: Anreise mit Auto, Bahn oder Flugzeug, Abholdienst, Gepäcktransport. Und danach geht es erst richtig los: Empfang auf dem Schiff für die Gesellschaft, die das jungvermählte Paar verabschiedet, Empfang mit allem Drum und Dran: Blumen für die Schwiegermütter, Schnaps für die Väter, Brötchen, Häppchen und Sekt in Strömen für alle. Das Ganze natürlich während einer küstennahen Motorfahrt, damit sich die Mama um das Wohl ihrer Tochter keine Sorgen macht. Das Schiff über die Toppen geflaggt und beleuchtet. Philharmoniker aus der Dose. Der Skipper und sein Co waschreklameweiß, gestärkt und gebügelt.

In den folgenden Tagen, nachdem die mäßig betrunkene Hochzeitsgesellschaft ausgebootet wurde, gehört das Schiff dann dem jungen Paar: Kreuzfahrtluxus auf individueller Basis. Jeder Wunsch wird erfüllt, jeder Service geboten. Aber diskret. Eignerkammer und Salon stehen den Turteltauben zur Verfügung. Skipper und Co logieren im Vorschiff und machen sich entweder nützlich oder unsichtbar. Zweimal täglich frisches T-Shirt, helle Jeans. Zähne, Fingernägel und Schuhe geputzt.

Vom Skipper, also von mir, beraten, wählt das Paar das Ziel der Reise aus. Launen, die den Törnplan durcheinanderbringen, werden berücksichtigt. Wir ankern in den schönsten Buchten. An Deck liegen Polster, Handtücher, Sonnenschutzmittel und Brandsalbe bereit. Eisgekühlte Drinks werden auf Wunsch auch an Betrunkene verabreicht. Während sich Braut und Bräutigam ungestört an Deck oder im Wasser vergnügen, läuft unter Deck der Gourmetservice auf Hochtouren. Ganz auf den Geschmack des Brautpaars eingestellt, übertrifft sich der blütenweiß gekleidete Smutje täglich aufs Neue. Serviert wird von Fall zu Fall entweder unterm Sonnendach an Deck, in einem Picknick-Korb am Strand oder, für die ganz Verliebten, in der Kajüte.

Abends Kerzenscheindinner an Deck oder Landgang. Ein Taxi steht an der Mole bereit, der Tisch im besten Lokal am Platz wurde über Funk vorbestellt und mit den Lieblingsblumen der Braut

geschmückt. Ein Musikant aus dem Dorf spielt einheimische Weisen. Der Wirt macht der Braut Komplimente, der Skipper, von einem Tisch im Hintergrund herbeigerufen, übersetzt frei. Auf Abruf wartet hinter der kleinen Taverne eine Kutsche (oder ein Esel) für die abschließende romantische Mondscheinpartie. Mondauf- und -untergang werden, den Angaben des nautischen Almanachs entsprechend, bei der Törnplanung berücksichtigt.

Der Skipper persönlich serviert den Schlummertrunk, wünscht gute Nacht und legt Kopfwehtabletten bereit.

Gesegelt wird natürlich nur bei leichtem Wind. Tiefdruckrinnen, -tröge und -fronten werden in gut geschützten Buchten oder beiselbestückten Häfen abgewettert.

Das junge Paar braucht sich beim Segeln nicht zu strapazieren, der Skipper und sein Co machen das schon. Aber wenn die Braut einmal das Steuerrad halten möchte, wird ihr dieser Wunsch erfüllt. Ein Schnappschuß bewahrt die Erinnerung daran über die Scheidung hinaus.

Es geht natürlich auch billiger. Neben dem skizzierten Honeymoon der Kategorie IA gibt es noch zahlreiche andere, billigere Versionen. Der Dorfmusikant, beispielsweise, muß nicht sein, auch der Empfang am Anfang kann entfallen. Und auch beim Schiff kann man natürlich sparen. Es ist sogar eine Variante denkbar, bei welcher der Bräutigam beim Segelsetzen helfen darf und die Braut beim Kochen.

Der einzige Schwachpunkt in diesem sonst sehr realistischen Traum ist das Schiff. Auch wenn man bei der besten Firma chartert und noch einen Extra-Hunderter für einen Doublecheck drauflegt, kann es sein, daß die Wasserpumpe ausfällt, der Motor streikt, die Lichtmaschine ihren Geist aufgibt, das Klo verstopft ist, die Batterie zusammenbricht oder der Kühlschrank seinen Dienst verweigert.

Da gibt es dann statt eisgekühlter Drinks nur warmes Bier, der Skipper richtet statt des Essens das Klo, und wenn sich das Paar diskret in seine Kammer zurückziehen will, erschreckt es sich vielleicht über den Co, der dort gerade versucht, kopfüber und laut fluchend eine heißgelaufene Wasserpumpe abzuflanschen.

So etwas stört das Idyll ungemein.

Deshalb neige ich mehr zu einem anderen Projekt, bei dem Kühlschrank und Wasserpumpen weniger wichtige Rollen spielen, weil die Kundschaft keine wie immer gearteten Ansprüche stellt. Eine Braut und einen Bräutigam muß man immerhin bedienen, bei meinem anderen Projekt entfällt aber jeglicher Service, und ich könnte trotzdem nach Herzenslust segeln.

SEEBEGRÄBNISSE ALLER ART wäre die dicke Schlagzeile des Inserats, mit dem ich für Aufträge werben würde. Ich stelle mir das so einfach vor, daß ich mich wundere, warum da noch keiner draufgekommen ist.

Ich denke bei meinen Kunden an alte Leuchtturmwärter, an Kauffahrer in Pension, an ehemalige Walfänger, ausgemusterte Marinesoldaten und in Ehren ergraute U-Boot-Fahrer, kurz an Leute, die sich ihr ganzes Leben lang mit der See verbunden gefühlt haben und die daher testamentarisch knapp verfügen: Seemannsgrab auf 13° 55,2' N und 58° 14,7' W.

Ich denke aber auch an jene Segler, die ihr Leben lang von der Familie daran gehindert wurden, ihrem Hobby ernsthaft zu frönen und die sich mit dem sterbend gehauchten Wunsch, man möge ihre Asche vor ihrer Lieblingsinsel in der Adria verstreuen, eine letzte Genugtuung verschaffen.

Ich würde es übernehmen, den letzten Willen des Verstorbenen zu erfüllen und die Urne an der gewünschten Position ins Meer zu versenken. Feierlich und pietätvoll.

Das finge schon damit an, daß ich einen Segler nur unter Segeln zu seiner letzten Ruhestätte bringen würde, keinesfalls unter Motor. Soviel Zeit muß sein.

Sobald das Ziel erreicht ist, würde ich zunächst Position und Uhrzeit exakt im Logbuch festhalten. Eine Abschrift davon wird später der Witwe übergeben.

Es folgt die Flaggenparade, halbmast natürlich, dann ist es soweit. Um dem Kameraden die gebührende Ehre zu erweisen, habe ich mich extra in eine weiße Uniformjacke gezwängt. Ich hasse Uniformen und weiße noch viel mehr, aber für diesen Zweck würde ich mich überwinden und mir sogar eine weiße Kapitänsmütze auftreiben. Die überlasse ich dann allerdings dem Toten: Als Zeichen der Verbundenheit bedecke ich damit die Urne, ehe ich sie von der Badeplattform aus dem Wasser überantworte. Dazu erklingt Musik aus dem Fliegenden Holländer in Stereo. Und von der Schiffsglocke tönen nach altem Seemannsbrauch vier Doppelschläge. Mein Co spricht einen tröstenden Vers aus der Bibel.

Als persönliche Geste werfe ich dem Dahingegangenen noch ein Glas nach, ein volles. Mit seinem Lieblingsgetränk. Segler wissen, warum. Und trinke zum würdigen Abschluß der Zeremonie selbst einen Schluck auf sein Wohl.

Die Vollzugsmeldung samt Bibelvers und Weinmarke wird ebenfalls in Schönschrift im Logbuch festgehalten, mit genauer Uhrzeit (UTC) und persönlicher Unterschrift des Skippers. Um die exakte Ausführung letzter Wünsche zu dokumentieren, würde ich außer-

dem alles mit einer Videokamera festhalten. Ohne Aufpreis. Erste Einstellung vom Beiboot aus: Das Schiff mit der Fahne auf Halbmast, dann Nahaufnahme des GPS-Navigationsgeräts, das die exakte Position anzeigt, gefolgt von einem 360-Grad-Schwenk, auch wenn es rundum nur Wasser zu sehen gibt. Dann ich – ernst – mit der Urne auf der Badeplattform, und schließlich die eigentliche Übergabe ans nasse Element, gezoomt, erst groß und dann allmählich auf die Weite des Ozeans überblendend. Noch einmal die Fahne und als Abschluß die Eintragung ins Logbuch als Standbild.

Natürlich kann die Witwe bei diesem Begräbnistörn mitsegeln, dann wird sie auch entsprechend umsorgt. Das kostet dann allerdings etwas mehr. Sonst würde ich nur einen gewissen Fixbetrag pro Segeltag in Rechnung stellen und die Kosten für die weiße Mütze.

Als besonderen Service biete ich noch den jährlichen Besuch beim Seemannsgrab an, falls die Hinterbliebenen dort einen Kranz versenken wollen.

Wenn man rechnet, was heute an Grab- und Friedhofsgebühren kassiert wird und wieviel Geld man schon für einen kümmerlichen Marmorstein hinlegen muß, von den jährlichen Kosten der Grabpflege ganz zu schweigen, scheint mir ein schlichtes Seebegräbnis eine durchaus überlegenswerte Alternative zu sein.

Natürlich wäre es denkbar – ich betone: nur denkbar –, daß man einen Honeymoon und ein Begräbnis kombiniert. So eine Urne nimmt ja kaum Platz weg . . .

Aber wie ich mich kenne – und ich kenne mich schon lange –, werde ich weder das eine noch das andere groß aufziehen, sondern zu Beginn der nächsten Saison wieder brav meine Segeltaschen packen und . . .

Ich bin eben ein Charterskipper.

Also, wenn Sie Lust haben und unbedingt mit mir segeln wollen: An mir soll's nicht liegen. Es kann schon nächsten Sommer sein!

Oder wollen Sie erst dann – in der Urne...?

Wie wir so sagen

Ein Versuch, allfällige österreichisch-deutsche Verständigungsschwierigkeiten zu überwinden

Ausg'steckt ausstecken	Mittels eines an einer langen Stange weit in die Straße hinausgesteckten grünen Föhrenzweigs kundtun, daß man Eigenbauweine ausschenkt.
Beisl	Urgemütliches, naturbelassenes Lokal mit bodenständiger Küche und preiswerten Getränken, in dem Gast und Wirt die gleiche Sprache sprechen. Ist mit diesen Eigenschaften auch im Ausland zu finden.
Betthupferl	Von Zahnärzten verteufelte, von Kindern geschätzte Süßigkeit, die das Zubettgehen versüßen soll. Wird auch von Erwachsenen selten verweigert.
Biskotten	Süßes Grundmaterial für die Herstellung von Malakofftorten. Auch als Löffelbisquit bekannt.
Blunze	Die Übersetzung mit „Blutwurst" trifft nur das billige, fleischliche Produkt. Mit die „blöde Blunz'n", wird ein einfältiges weibliches Wesen tituliert. Die symbolische Blunz'n, die von der anderen Seite gefüllt wird, bezeichnet eine krasse Veränderung einer bestehenden oder erdachten Situation.
Bröckerlhusten	Essen im Retourgang

Burenwurststand Bude, in der namensgebend eine derbe, stark gewürzte, kurz „Heiße“ genannte Wurst mit Senf und Gebäck vornehmlich an Nachtschwärmer verkauft wird. Die Vielzahl der Buden zeugt von der Beliebtheit der Burenwurst.

Burgenländische Kellergasse Dienstweg der Winzer, der im Burgenland und anderen Weinregionen Österreichs durch das Aneinanderreihen von Kellergewölben ein buckel- bzw. wellenförmiges Aussehen erhält.

Deppenkastel Möbelstück, durch das sich 90 Prozent der angeblich hochentwickelten Völker auf dem Niveau von Analphabeten Abend für Abend elektronisch zum Narren machen lassen.

Eitzes Auch Äzzes oder Aizes. Jiddisch für einen zwar wohlgemeinten, aber ebenso unnötigen wie unerwünschten Rat.

Erdäpfel Der Name weist auf die Herkunft des landwirtschaftlichen Produkts hin, das meist zu Fritten oder Kartoffelpuffern verarbeitet wird. Kartoffel ist als Synonym dafür weit verbreitet. Ein Erdäpfelgulasch als Kartoffelgulasch zu bezeichnen, bedeutet allerdings eine grobe Geschmacksverirrung.

Fahnderl Kleines, meist trauriges Abbild einer Fahne

Fatsche Mit einer Fatsche wird etwas gefatscht, mit einer Wickelbinde wird es bindegewickelt. Oder?

Fleischhauer Fleischer, Selcher, Metzger – auf jeden Fall einer, der Schwein in Schnitzel verwandelt.

Fleckerlwalzer Platzsparender Tanz im Dreivierteltakt, bei dem die Walzerschritte der Partner so eng gesetzt werden, daß sie sich nicht vom Fleck rühren.

Goscherl Durch den Diminutiv wird „Goschen“, die Ordinärbezeichnung für Mund, liebevoll verharmlost und in der Form von „Zuckergoscherl“ sogar liebenswert gemacht.

Grätzelfest	Volkstümliche Veranstaltung in einem Teil eines Stadtbezirks, der weniger durch geographische Grenzen als durch Nachbarschaftsbewußtsein und Zugehörigkeitsgefühl abgegrenzt wird.
Grüner Veltliner	Weinsorte. Auch Diskutierwein genannt, weil man mit ihm selbst längere nächtliche Dispute überlebt. Ein herber, vielleicht sogar etwas säuerlicher Tropfen, den nur ein Weinland wie Österreich keltern kann.
G'spritzter	Wein, der mit Sodawasser (richtig) oder Mineralwasser (falsch) zu einem Durstlöscher veredelt wird. Beim „Sommerg'spritzten" überwiegt der Wasseranteil.
Hangerl	Serviette, die sich Kellner aller Dienstränge schon seit Kaisers Zeiten über den Arm hängen, um jederzeit ein Wischtuch griffbereit zu haben. Das Hangerl unterscheidet den Kellner vom gut gekleideten Gast.
Häusl	In Erinnerung an die Häuschen, die in der bäuerlichen Zeit über dem Misthaufen standen, auch ein Synonym fürs WC – das damals ohne Wasserspülung auskam.
Heferl	Gefäß, aus dem man Kaffee und Tee trinken kann. Ist es aus Augartenporzellan, heißt es auch bei uns Tasse oder Schale.
Hendl	Huhn. Wenn gegrillt, gebacken oder gebraten, ist auch ein Hähnchen ein Hendl.
Heuriger	A) Wein des heurigen Jahres (d.h. der letzten Lese), der durch eine neue Ernte automatisch zum „Alten" wird. B) Lokal, in dem eben diese Weine ausgeschenkt werden.
Hochschaubahn	Fährt auch in Österreich Achter.
Kipferl	An den türkischen Halbmond erinnerndes Feingebäck, das vornehmlich zum Kaffee serviert wird.

kommod — Bequem, auch in abstrakter Hinsicht

Krapfen — Süßes, variantenreiches, meist aber mit Marmelade gefülltes Gebäck, das man besser probiert als beschreibt.

Krautfleckerl — Einfache, auch heute noch beliebte Delikatesse aus Großmutters böhmischem Kochbuch. Beginnt mit dem Bräunen von Zucker, ist aber keine Süßspeise.

Manderl — Kleiner Mann

marod — Nichtmedizinischer Ausdruck für einen Zustand zwischen gesund und krank. Ursache nebensächlich.

Kotelett — Bereits von Wilhelm Busch geschätztes und daher in Versform gepriesenes Rippenstück.

Murl — Liebevolle bzw. verächtliche Bezeichnung für den Schiffsdiesel, je nachdem, ob er funktioniert oder nicht.

Lacke — Pfütze, die im burgenländischen Teil Österreichs allerdings die Ausmaße eines Sees erreichen kann.

Leiberl — Alpine Aufmachung jenes Kleidungsstücks, das neudeutsch T-Shirt genannt wird.

Levonzen — Zahlungsmittel ohne festen Wechselkurs

Lungenbraten — Kein gebratenes Stück Lunge, sondern das Filetstück vom Rind. Der Name hängt vermutlich damit zusammen, daß man automatisch tief Luft holt, wenn man den Preis hört.

Palatschinken — Wird fälschlich oft mit Pfannkuchen übersetzt. Beides probiert – kein Vergleich.

Paradeiser — Verknappte Form von Paradiesapfel. Rote, einem Apfel nicht unähnliche Frucht, die andere Gourmetnationen „Goldener Apfel“ (Pommodoro) nennen. Am Paradeiser offenbart sich die Eigenständigkeit der österreichischen Sprache, denn überall sonst wird der Paradeiser Tomate genannt.

Passarella	Akademische, vielleicht sogar lateinische Bezeichnung für das Brett, über das man vom Schiff an Land balancieren kann. Benützung auch in umgekehrter Richtung möglich.
Patschert	Österreichisch knappe Form von tollpatschig
Ringelspiel	Jedes Kind weiß, daß damit ein Karussell gemeint ist.
Ringerl	Beliebtes Hafenmanöver, bei dem man mit dem Boot so lange im Kreis fährt, bis man all die Vorbereitungen zum Anlegen getroffen hat, die man auch schon lange vorher hätte treffen können.
Römisch-katholisch festmachen	Seit ich meine Segelprüfung bestanden habe, grüble ich darüber nach, was Anlegen mit Buganker und zwei Heckleinen mit der römisch-katholischen Kirche oder gar mit dem Papst zutun hat.
Schani	Verkleinerungsform von Jean, französisch für Johann. In Österreich Bezeichnung für den jüngsten Kellnerlehrling.
Schlagobers	Beliebtes fettiges Milchprodukt, das Österreichern und Deutschen gleich gut anschlägt, auch wenn die Deutschen Schlagsahne dazu sagen.
Schnapperl	Leicht zu bedienender Schnappverschluß
Stadel	Leicht brennbares, weil meist aus Holz errichtetes Wirtschaftsgebäude, in dem landwirtschaftliche Maschinen und Produkte gelagert werden. Versicherungstechnisch höchst bedenklich.
Trumm	Stück von irgendwas. Auch nicht genau definierbares Größenmaß
umma	Dialektisch für herüber. Nicht zu verwechseln mit „ummi“, was hinüber heißt.
Wasser um etwas machen	Ein großes Theater aufführen

Wimmerl	Pickel (den allerdings verwenden bei uns Alpinisten zur Sicherung im Eis).
Zangler	Jenes Crewmitglied, das leichtsinnig genug ist zuzugeben, daß es mit Zange und anderen Werkzeugen umzugehen vermag.
Zeller	Auch Sellerie genanntes Wurzelgemüse
Zores	Ärger von der unnötigen Sorte